Accepting
All Parts
of Yourself
& Creating
a Joyful Life

Accepting
All Parts
of Yourself
& Creating
a Joyful Life

Accepting
All Parts
of Yourself
& Creating
a Joyful Life

Accepting
All Parts
of Yourself
& Creating
a Joyful Life

如實觀照，豐盛自來

有人問佛：靜心時您得到了什麼？
佛說：什麼也沒有。
佛又說：但我放下了憤怒、焦慮、憂鬱、
不安、害怕年老和死亡。

人生可以不必帶傷而行

喜悅原本存在，只需看見

Accepting All Parts of Yourself & Creating a Joyful Life

自序

在喜悅中體驗幸福

「生命中真正的喜悅，源自當你為一個自己認為至高的目標獻上無限心力的時候。它是一種自然發自內心的強大力量，而不是狹隘的局限一隅，終日埋怨世界未能給你快樂。」——蕭伯納

這些年來，我一直生活在自己所創造的喜悅情境裡：令人欣愛的工作與環境；自由自在的生活形態；無憂無愁的心情……別人羨慕的是我的外境，我則滿意於自己當下的心境。

多年來，我一路追隨內心的指引，不斷成就自己的夢想。這抽象的「內心的指引」，卻有著具象的指標，那就是我一直依循著「活

出自己」的原則。每到一個需要選擇的岔路口，這四個字就像明顯的路標，引導著我毫無猶豫地往前行。因為我深信，唯有活出自己才能享受喜悅自在的人生。

四十歲之前，我在傳統的價值觀裡，違逆自己的本質去追求虛名財富，直至身心崩潰才頓然意識到，我人生的下半場要由自己選擇。因而在中年時分啟動叛逆因子，不再追逐世俗眼光中的成就，轉而選擇與自己喜歡的瓷畫為伍。及至後來選擇走入心靈領域，一步一步穿越靈魂暗夜（註），終於可以安然地享受繁花盛開、自由豐盛的喜悅生活。

這一路走來，過程中起起伏伏、顛簸不已，並非時時安然、事事順遂。但是每到徬徨的十字路口或是走在崎嶇難行的道途之上，我依然堅定依循著「開心做自己」的原則。

圓夢的過程裡包括：學習繪畫，而後教授瓷畫，成為老師；寫書分享瓷繪技巧以及心靈旅程，成為作家——這樣的角色和簡單的生活形態，正是我童年的夢想！

人生的旅程彷彿爬過一層又一層的山峰，每每當我爬上山頂之時，我總是會望見另一座更高的美麗山峰。遠處那座目光可及的山峰，往往會令我不由自主地心嚮往之。這樣的心情，我明白是我內心的呼喚，於是我會讓自己心態歸零，下到山谷，重新學習與沉潛，等待時機成熟再度攀峰。

而今，經歷過兩年安住於山谷的休憩與靈性上的提昇，我又要再度啟程攀向另一座新的美麗山峰。這些年，我深刻體悟到生命劇場竟是如此多姿多采，神妙而有趣，好玩極了。所以除了瓷畫的創作與教學，我還要更積極地分享自己一路活出喜悅與幸福的心得。這些經歷都是我一步一腳印的親身印證。我再次追隨內心的選擇，帶著平和的心情，滿懷喜悅地在愛中分享愛！

親愛的，當你選擇看這本書時，屬於你的幸福正在敲門。來吧！讓我們一起邁向喜悅之路！

*靈魂暗夜：當我們停止外求，開始往內省思，在面對自己內在的黑暗面時，會有一段難以接受或適應的過程。這個過程宛如繭化，先破壞、粉碎舊有的一切，而後重建嶄新的生命。在這個時刻，我們得要單獨而且勇敢地穿越，才能浴火重生，享受豐盛美好的另一段生命歷程。

CONTENTS

PART 1 下定決心，活出喜悅人生

C O N T E N T S

PART 2 在關係當中照見自己

CONTENTS

PART 3 在生活當中體驗喜悅與幸福

PART 4 豐盛喜悅的靈性之旅

C O N T E N T S

PART 5 創造整體的幸福 即是延續自己的幸福

PART 1

下定決心，活出喜悅人生

喜悅與幸福是一種發自內心的感受，
它是透過自主的選擇，
並非被動的等待或是要求別人給予。

真正的喜悅是什麼？

一個充滿喜悅的人，他呈現的是什麼樣貌呢？

他可能是擁有健康的身體、知足常樂的心境、豐盛無虞的物質、美滿和諧的婚姻、甜蜜融洽的愛情、和樂平安的家庭、威赫的名聲等等。然而，是不是擁有了這些美好的外在條件，就是活出了喜悅與幸福呢？

喜悅是一種生命狀態呈現的品質，類似幸福的感覺，但是一般人定義中的「幸福」總是偏向在與人互動的環境裡才能擁有的覺受。然而，喜悅與他人無關，甚至可以是沒有任何理由就能自在地從內心散發出充滿感恩的微笑。感覺自己深深受到珍寵，處於滿足自在的狀態。

世界上最珍貴的喜悅，就是能夠靜下心來平和地欣賞天地與人世，然後慢慢地品味出它的和諧與美感。

喜悅與幸福的定義，因人而異，也會因為時空的變化而有不同的感受。例如：對於孩子來說，得到了期待已久的玩具，他就會感到滿足與快樂。對於戀人來說，相愛的人能夠時時相伴相守，就是幸福。到了老年，老伴兒孫同在，共享天倫，那也是一種人人稱羨的幸福。

但是，我們要探討的並非由外在的條件來定義自己的幸福，而是能夠由內在啟動喜悅因子，如此就能不受「人生變幻無常」的影響，誤以為只要生命當中失去了什麼就會惶恐不安，因而害怕喜悅幸福稍縱即逝。

喜悅是來自意識提昇之後，明白了真理，從此不再外求，自然地達到心靈的滿足，這是一種由內而顯於外的心境。這種狀態除了輕安自在、知足感恩，還會散發出一種迷人的氛圍，讓身邊的人覺得舒適愉悅，忍不住想要多加親近，一起同享芬芳。

這樣的解釋很抽象，讓我們來具體探討喜悅呈現的樣貌：

- 一個充滿喜悅的人，他願意無條件地付出關懷與愛，不會計較得失或期待回報。
- 他擁有平和喜悅的正向能量，自動吸引人們靠近。
- 他能夠全然無懼地活在當下。一如王爾德所言：

「活在當下是最困難的一件事，許多人只是存在著，如此而已。」

- 他能夠無懼於死亡，離世時全然無憾，留下的是滿滿的愛。同時，他的遺愛人間會讓兒孫和朋友們深深懷念。

• 他隨時處在感恩狀態，心裡總是記得別人的好，並且滿足於已經擁有的一切。
• 他能夠接納生命當中所有發生的一切，並且明白一切都是最好的安排。
• 他永遠處於「行動積極，心態隨緣」的狀態。他的行事抱持著積極主動的態度，但卻擁有隨緣而無為的心境。
• 他的內在不空虛、不停滯，並且在生活當中，不斷學習新的事務。
• 他會勇敢坦然接納自己的不完美，並且以同理心來尊重別人的選擇。

相信自己，活出喜悅人生

賽斯：「信念創造實相。」

老天原本給了我們充分的資源與豐盛的生活，但是由於限制性的信念，以及環境的制約，以致於大部分的人都不相信自己值得擁有喜悅幸福的人生，而且也不敢拿出勇氣去爭取。

解除魔咒的鑰匙，其實就在我們自己的心裡。我們現在所有的狀態，都是由過去的思想與生活模式所累積而來，例如婚姻、工作、生活的品質等等。如果不滿意於現況，那麼最重要的方法就是要改變原來的價值觀和信念系統。許多人都會覺得自己沒有能力改變外在的環境，只能無奈地配合環境過日子。殊不知，其實外在的環境正是由我們內在的信念創造、吸引而來。

暢銷書《祕密》與《吸引力法則》，以及許多心靈書籍都在談論與指證這個原理。每當我們因為學習而生發新的思想觀念時，就會很快轉化為行動；持續性的行動慢慢地會養成習慣；新的習慣進而會漸漸變成個性；最後個性就會扭轉我們的命運。

想要改變命運，就要先幫自己鬆綁，學著在觀念上放掉執著，讓心態歸零，敞開心胸去學習並重新認識自己。然後慢慢培養直覺力，重拾天生的敏銳度；學習往內看，並且相信內在更高智慧的指引。

身心同為一體，身體要放鬆，心才能專注。所以我們要放慢生活的步調，從吃飯、走路等等最簡單、最習以為常的事項開始改變。從慢活的生活態度當中，咀嚼品味生命的芬芳。

花若盛開，蝴蝶自來；人若精彩，天自安排。

一個人唯有先將自己照顧好，才能吸引相同頻律的人來共享喜悅與幸福。有些人以為追求幸福必定有某些特定的條件，尤其是物質的享受。但是許多人坐擁豪宅、身著珠寶名牌，心裡卻匱乏孤寂，完全沾不到幸福的邊。沒有伴侶的人，往往以為有了良偶便能幸福，但是細細數來，又有幾對真正天成的佳偶？

我深深相信，幸福是當我們俱足了勇氣與行動力，成就了內在自我的完整，便能透過選擇而來。選擇我們內心真正喜歡的人、事、物，以及環境，那麼生活就會縈繞著幸福的氛圍。

太多人來問我：「我當然想要選擇幸福呀，可是老公……工作……孩子……」那樣的「想要」，其實力道是不夠的。如果我們將「選擇」的鑰匙交給了別人，那麼自己就失去了力量，只能被動地待在受害者的牢籠裡自怨自艾。

邁向幸福，首先要堅定地相信我們值得擁有。提起勇氣，拿回自己的力量，培養選擇幸福的能力——這正是接下來我們要共同探討的課題！

意圖 + 努力 + 恩典 = 成功

選擇做對的事情，然後把事情做好，這才是正確的順序。否則，如果打從一開始我們就走到錯誤的方向，那麼永遠都到達不了目的地。

意圖就是我們的選擇或願望，明確的「意圖」是很有力量的，但是立下意圖的方式很重要。譬如：意芳對我說，她每天禱告，一直許願希望她心儀的對象許君能夠回應她的愛，但是為什麼總是得不到他的青睞？我回答她，這樣的許願叫做「一廂情願」，宇宙是很難回應的。因為其他女子也可以許願要許君愛她呀！這樣宇宙要如何回應呢？

正確的方式是：「我值得被愛，我有享受被愛與愛人的權力！」這樣才能吸引相應的好伴侶前來。

當然，有人又會說：「愛我的人，我沒感覺，我愛的人卻不愛我啊！」是呀！這就是癥結所在。這個時候我們就要回頭檢視自己的狀態了，你是否配得上你想要的對象呢？王子是要配公主的，如果你要一位白馬王子來愛你，那麼首先你得先學習讓自己成為一個高貴的公主呀！

「德要配位」，這一句話便是在說明這樣的道理。許願要一位王子是意圖，學習成為公主的過程是努力，唯有立下明確的意圖加上足夠的努力，才能得到恩典，達到心想事成的目的。「自助者天助之」，正是這個意思。

你真的認識自己嗎？

人們最熟悉的是自己，最陌生的也是自己；最親近的是自己，最疏離的也是自己。我們的眼睛裡，通常看到的是別人的功過得失，卻看不到自己的貪嗔愚癡。

四十歲之前，我以為我很瞭解自己的一切。四十歲之後，走入心靈的領域，這才發現原來我以為的自己都是別人為我貼上的標籤。經過一步一步重新檢視內心，我才不斷發現不同面相的自己。

以前，我一直以為自己熱情熱心、長袖善舞、喜愛熱鬧，所以在業務的工作領域得心應手。後來身體病痛不斷，我才看到了原來自己有非常孤僻冷漠的一面，而且，其實我很討厭那個在商場中偽裝的自己。

這樣發現自我的過程，剛開始相當驚訝且痛苦，因為看到了自己許多不為人知的黑暗面，很難去接受一個醜陋並且似乎沒有長處的自己。經過不斷地學習與成長，一點一滴扒除面具，慢慢才體會與接納自己的不同面相與生命特質。也明白了所謂冷漠孤僻、只想一人獨處的感覺，其實是在成就我寫作和繪畫的天賦。

經過將近二十年的向內探索，至今我還常常驚奇地看到自己新的面相和特質潛能。如今回首這些探索的過程，覺得很有趣，好像在看一個舞台上不斷換裝易容的演員，有一種體驗新奇、開發潛能的樂趣。

除了在心靈上瞭解自己之外，我們更要儘早清楚自己的天賦，不要盲目地隨附社會傳統價值或是父母的投射式期許，因而壓抑發揮天賦成就自己的機會。

有一句話：「泥佛不過江，木佛不過火。」意思是我們要瞭解自己的天賦、和本質，然後才能趨吉避凶，不去勉強自己做能力所不能及的事，那麼生活就會輕鬆許多。玫瑰不能種在沙漠裡，瞭解自己的本質，選擇適合自己的環境，這樣才能發展所長，成就自己。

我有一位朋友自小喜愛文學，藝術天分極高，內心充滿顛覆傳統的創意。但是，他為了符合父母的期許，就學期間勉強自己選擇了理工科系。畢業之後就職於電腦軟體公司，擔任工程師的職務。歷經十多年的努力，從一般工程師一路往上爬升，成為某大上市電腦軟體公司的副總經理。

然而，這些工作與他的內在特質並不相容，日積月累之下他身心俱疲，得了癌症。幸好他明白了得病的心理原因之後，毅然放棄高薪提早退休。現在他成立了兒童畫室，輕鬆快樂地帶著孩子們畫畫、塗鴉，在自己的天賦當中安身立命。這樣的因病入道，終究讓他選擇了喜悅幸福的人生。

瞭解天賦的方法：

＊小時候最喜歡做的事或願望，或者生活當中喜歡的事情。
＊即使沒有收入，你都願意去做的事。
＊你常常被別人提及的長處、優點或特質。
＊透過專業老師的引導。

溫柔地為自己解開緊箍咒

除了天生的本質之外，後天的信念在「選擇幸福」的道路上，也有著很重要的影響作用。

所謂的「信念」就是我們從小在成長過程當中，被父母或其他社會傳統觀念所灌輸的想法。一旦這些想法深植於心，逐漸就會變成了牢不可破的信念，這樣的信念彷彿緊箍咒緊緊地跟隨著我們，深深影響我們判斷和選擇的能力。

信念就是你所相信的觀念系統。信念沒有好壞、對錯，有些看似負面的信念其實是在保護我們，或是幫助我們生存。以我為例，因為父親早逝，我從小生活在顛沛流離的環境當中，以為要把事情做到完美，別人才會稱讚我、喜歡我，因此養成了事事追求完美的個性。

當時因為寄人籬下，所以這個信念在我的童年幫助我能夠順利成長。然而，及至成年，我仍帶著它走入職場、走入婚姻，為了將自己完美地呈現，不惜壓抑了內心真實的感受。這樣扭曲的心態與行為終於導致身心崩離，差點兒要與憂鬱為伍。

後來我走入心靈的領域，慢慢開始瞭解自己僵化的信念。初時，我很厭惡這個魔咒，恨不得立即解除而後快。但是當我一再深入往內走，才一點一滴地理解，這樣的個性特質並不是敵人，而是朋友。因為追求完美，我才能耐著性子乖乖學畫，並且設計出各式教案，成為歐風瓷畫的創始者。

而今，除了瓷畫，我又再度開啟人生的另一扇窗——寫書並設計心靈成長課程。此時，我必須把追求完美的信念先擺一邊，在輕鬆的狀態之下，讓內在的神性來帶領我的步伐。因為放鬆，因為無求，所以無所謂完美與否。這時我是在順流的狀態之下，成就自己的願念。

信念到底是魔咒還是恩典，完全是因時、因地、因人而定，只要帶著覺知，明白自己的狀態，那麼它就是成就自己最好的幫手。

「我要乖乖聽話，爸爸媽媽才會愛我。」有些人在童年時，被父母灌輸了這樣的信念。因為將之奉為圭臬，所以很可能壓抑了自己所有的負面情緒，不敢表達內心真正的想法，只會乖乖地聽話做事，唯恐父母親不愛自己。這樣的信念很可能造就出一個被動的追隨者，在生活或工作領域都是聽話照做、不敢違逆，失去了創新的能力。

「外面的世界人心險惡，要隨時小心提防。」在這個信念下成長的人，個性比較謹慎，不會輕易相信別人。然而，沒有信任就很難建立良好的人際關係。

常常被父母嚴厲斥責的孩子，很容易自責、沒信心。日後在與人相處時，動不動就會誤以為別人不悅的行為和話語都是針對他而來。

雨潔是從小就被過繼的養女，她一直覺得自己是被親生父母遺棄的孩子。在她小小的心靈裡，總覺得是因為自己不夠好，所以親生父母才不要她。這個信念根深蒂固地跟隨著她，在養父母家生活時都顯得特別乖巧聽話，不像一般孩子可以隨性耍賴或偶爾任性，所以大家對她的表現都是讚譽有加，殊不知這是她潛意識裡為了害怕再度被遺棄而導致的討愛行為。

雨潔長大結婚後，還是依循著這樣的信念。為了得到賢妻良母的美譽，她百般忍耐婆婆的刁難和先生的外遇。姊妹們聚會閒聊時，每每聽了她的遭遇，就會替她不平，也會鼓勵她爭取自己的權益和尊嚴。但是她總是語帶無奈地說：「沒辦法，我是油麻菜籽命，一生命苦！」有時候朋友們看她日子過得苦悶，想要找她出來散散心，她也總是以家庭為由推三阻四，自願被綁在痛苦的牢籠裡。

語言的勸導和安慰陪伴的力量，永遠不及身體疾病的棒喝來得有力。長久壓抑之下，致使她變得體弱多病，才四十出頭的年紀，就被醫生判定得了乳癌。這樣的晴天霹靂，終於讓她驚醒。除了求醫治病，她也開始進入心靈的道途，參與癌療團體的許多成長課程，慢慢學著拿回自己的力量。

雖然現在她還是有病在身，但是比起過往，已經開心許多。她不再把所有的時間和心力放在別人身上，而是返回自身，學會覺察自己的情緒，掌握正確的應對方式。

現在她除了參加舞蹈課、繪畫課、讀書會，也會跟著大伙兒到處去玩，更不吝於分享自己的親身體驗，期許幫助更多與她有相同境遇的人。我們紛紛誇讚她，終於活出了自己的喜悅人生。

轉化情緒，提昇自己

人有七情六欲，喜怒哀樂悲愁苦，我想很多人都知道這個道理。有些修行的話語要我們斬七情斷六欲，可是那樣的境界很難達到。大部分人都是喜歡處於好的情緒當中，希望自己是一個快樂開朗、受人歡迎的人。幾乎沒有人會喜歡自己的負面情緒，例如憤怒、憂鬱、悲傷，這些令人不舒服的感覺。

要做到「寵辱不驚」並不是容易的事，不需要為難自己！其實情緒是我們的朋友，好的情緒讓我們體驗生命的喜樂；不好的情緒也並不需要去之而後快。

令人感覺不舒服的負面情緒反而是一個指標，可以讓我們追溯自己的信念，找到更深層瞭解自己的方法。

透過瞭解，我們便能轉化並提昇自己。

情緒更是帶引我們去行動的動能，這個動能足以成就大夢想。

在諸多的情緒當中，憤怒是一種很有力量、卻又令人害怕的感覺。那是因為我們不瞭解憤怒的威力。它是一把鋒利的雙面刃，使用不當容易傷人傷己，反之，它也是能夠幫助我們靈性大跳躍的得力助手。

大部分的人很難接受自己憤怒的樣貌，因為在大家的認知裡，和藹可親、溫柔體貼才會受人歡迎。但是，一旦我們決定要選擇喜悅幸福的人生，那麼就要好好利用「憤怒」這個情緒助手。

首先，當我們覺知到自己的憤怒或不滿時，先不要急著去壓抑或指責它，而是更進一步地去追溯憤怒的真正來源。

宜芳常常在一天勞累工作之後還要回家煮飯，而年邁的婆婆卻又以老舊的習性與觀念在廚房念叨不已。身為媳婦的她不敢當面頂嘴，但是等到老公回來，兩人獨處時，她就會忍不住怒火，生氣地抱怨連連，搞得先生夾在婆媳之間，不知如何是好。

長久下來，她都覺得自己已經變成潑辣的母老虎，每每發怒過後，心裡都很自責。其實她的怒氣背後，只是希望得到尊重與疼惜，如果她能瞭解「憤怒」這個情緒是要表達內在真實的感受，那麼經過良性的溝通，通常可以得到先生的支持，自然能夠減少外境的衝突，進而感受被愛的幸福。

有的人總說自己脾氣不好，但是修養好，所以從不對別人發脾氣，不會動怒。這種說法很弔詭，或許他已經全然帶著覺知在看待自己的情緒，所以能夠回到自身，而且不受外境影響，不再起心動念。但是只有極少數的修行人才能在覺知覺醒的狀態之下，真正達到這種境界。大部分的人其實是委曲求全、退讓妥協，以期換來和平的假象，硬生生地壓抑了內心的憤怒而不自知。這樣的忍耐可以從身體來觀察，因為身體的能量需要流動，若是長期下來只是壓抑情緒，很容易引發身體的慢性病。

我們要如何覺察與釋放情緒呢？引起我們憤怒的外境，其實只是一面鏡子，目的是要我們藉之看到內在的傷痕。這些傷痕，有些是童年的創傷，更深層的還有累生累世的印記。

面對自己的情緒，首先不要逃避或否認，也毋須指責或自責，要選擇當下承擔，勇敢看待。然後透過「面對它、接受它、處理它、放下它」的完整程序，這樣才能真正地從瘋狂失控的憤怒當中解脫，進而將這股原本是負面的能量轉化為正向的創造力。

有時候憤怒是悲傷的表現，而化悲憤為力量是一種很棒的轉化與提昇，不藉著傷害別人來出氣，而是內化為改變自己的動力，創造出追求喜悅幸福的養分。

釋放憤怒情緒的方法有很多，搥枕頭痛哭、到山中或海邊大叫大吼、激烈地運動或舞蹈、透過心靈工作坊或課程的帶引等等。總之，盡量不要無意識地對他人叫囂謾罵，那不僅僅於事無補，還會引發更多的暴力對抗，很容易傷人害己。

我自己的療癒經驗是這樣的，每當我願意接受憤怒的情緒，然後運用一些療癒方式，例如大哭、大吼等等方式來釋放這樣的能量，任由情緒自然地流動，那麼很快地，我就會感受到宇宙之神的慈悲與愛，來到充滿愛的狀態，看待事物的態度也會轉為平和，於是更能好好地面對人生功課。

憤怒與愛一如銅板的兩面，若是希望自己能夠成為有愛心的人，便要能夠接納自己具有破壞性的另一面，不要逃避，無須自欺。

身體是心靈的一面鏡子

愛因斯坦：「身體與心靈並非兩種不同的事物，只是以兩種不同的方式去覺知同樣一件事物。那些想要保存靈魂的人，也必須照顧靈魂所依附的身體。」

身體是心靈的一面鏡子，常聽人說：「相由心生」，一個人過了四十歲便要為自己的外貌負責。不僅是外貌，身體器官的興衰、健康與否都和我們的心念以及對待它的態度息息相關。

身體陪伴我們一生，是我們最最親密、重要的朋友，可是我們卻往往只看外在，而忽略了自身。身體比頭腦更接近心靈，它會更直覺地反應訊息，只有身心都處在和諧自在的狀態下，才能更容易地感受喜悅與幸福。

自從我進入身心靈的領域之後，對於身體的病痛所帶來的訊息，便有了更深一層的理解。譬如說，以前我常常會沒來由地頭痛，頭痛狀況嚴重時，簡直像要爆炸一般，痛到真想去撞牆，就算吃了高劑量的止痛藥也不一定管用，實在非常痛苦。走入心靈領域之後，經過探討與學習，我才恍然明白，問題的癥結來自我要求完美的壓力，以及感受到自己被迫害的無奈。我做每一件事情都希望符合別人的期待，從來不管自己喜歡與否。無論是什麼角色，我隨時都要求自己努力認真、不容懈怠，希望換來別人的讚賞。這樣身心背離的狀態，內在更高的智慧就會在身體的反應上以頭痛的方式來提醒我。

我還有一些伴隨多年的老毛病，那就是腰痠背痛、肩頸緊繃。最嚴重的時候，每日晨起時，全身會痠痛到幾乎無法下床。這些症狀也是源自於長期以來，我一直以為沒有人可以讓我依靠，自己需要獨自背負許多責任，所以我必須要獨立堅強才能生存。長時間承擔壓力和緊張的情緒，才造成這樣嚴重的身體不適症狀。

外在身體出現警訊的同時，我的心理也開始崩解，除了嚴重的睡眠障礙之外，還常常覺得生命無意義、生活很無趣，日子愈來愈難過。當時不得已只好求助於醫生，醫生診斷我得了世紀流行病——憂鬱症。

原來，我那開朗、熱情、大方、溫暖的完美外相竟然如此脆弱不堪？而我那黑暗醜陋的內在，卻令我著實不知如何招架。正是因為身體的提醒，我這才開始認真地探討身心靈的關聯，走入求道的學習之路，想要徹底瞭解自己，尋求解脫之道。

隨著我認知不斷改變，以及意識慢慢地提昇，身體上的這些問題漸漸地舒緩了許多。而且當我開始帶著覺知生活，我也同時發現，生活的形態和內容會自動跟著調整。以前我的作息不定、缺乏運動、飲食紊亂，環境中的人事物過於繁雜。現在就不同了，慢慢修正之後，我變得作息規律、工作單純，並且有覺知地選擇了適合自己的環境、運動、靜心、食物等等。

當認知改變，不再覺得自己是命運操弄下的受害者，加上生活習性的調整，在這樣良性的循環裡，我漸漸找回身心狀態的平衡。

近年來，我已不太受病痛所苦，可是身體還是有一些累積的緊繃。我知道自己的意識雖然已經提昇，但是身心卻還不夠放鬆，需要以照顧自己的身體為首要功課。於是，我再度調整工作內容，暫停瓷畫展覽和演講的邀約。當我有了調理身體狀態的念頭，說也奇怪，很快地，一種可以協助我的方式就自動找上了我。

有一種稱為「能量舞」的舞蹈，我想大多數的人都沒聽過，之前我也不知道有這種舞蹈。由於從小喜愛跳舞，我學過好幾種舞蹈，包括佛朗明哥、蘇菲旋轉和國標舞。有了調理身體的念頭之後，某次上網時我無意間看到了有關能量舞的訊息，而這正是我需要且可以去做的。

之後的這些年，我以脈輪能量舞蹈做為動態靜心的方式，藉著我喜愛的音樂為引導，跳著、舞著，讓能量自然地在全身流動，平衡身上的每一個脈輪（註），全然忘我地融入其中，享受著與自己身體最親密的纏綿……

等到動態的舞蹈結束後，再來一段靜態的盤腿禪坐。通常在這樣的身心調理之後，一整天我都能保持平和的心情，做事也更迅速而精準。

人是一切生物中構造最完美的靈體，健康的身體是與生俱足的，回復健康狀態靠的是人體本身所具有的調節修復系統來完成，而不是一味地依賴醫生或醫藥。外部的因素只是輔助，切勿使之喧賓奪主。

健康最重要的是要有足夠的氣血與暢通的經絡。要保持心定，心定則氣順，氣順則血暢，氣順血暢則百病俱消。幾乎所有的自然療法都是以這樣的觀念為主軸。

人會生病是心靈透過身體在提醒我們，生活或信念應該要改變了。所以生病的時候，不要有怨嗔之心，記得要向內看，心裡要如是省思：這樣的病症，到底是在提醒我什麼？

在心理上，恐懼是一種很傷身體的情緒，而一般人對金錢與死亡都有很深的恐懼。一個惶惶不可終日的人，怕受辱、怕吃虧、怕上當，每每瞻前顧後、左顧右盼、擔驚受怕、患得患失，很難展現勇氣去改變和創造命運。所以，一旦察覺有這樣的情緒，一定要積極地面對和處理。

有一個故事，描述著兩個人同樣面對著威脅生命的癌症，卻各自以不同的態度來處理病痛的考驗。一個在得知醫生的診斷之後，便意志消沉，完全喪失了生存意志。他停止了工作，每日只是坐在電視機前唉聲嘆氣，絕望地等待死亡的到來。果然，過沒多久，他便去世了。

而另一個在得知診斷結果之後，每天除了接受治療，也抱持積極正向的態度，認真地生活著。他騰出更多的時間與家人和樂相處，開始欣賞一些他以前不會注意的事物。他說：「我現在才發現，原來我一直都沒有去留意身邊美好的事物。雖然來日不多，但是從現在開始，我要珍惜時光，好好欣賞它們的美。」心態轉變之後，有了正向能量與愛的滋養，他的病情非但沒有惡化，反而一天天恢復了健康。

當我們把疾病當成敵人，那麼我們就自然而然地覺得自己是受害者。然而，如果我們能轉換角度，以病為師、因病入道，明白它在提醒著我們生活上的不協調，藉此迫使我們學習成長，以取得生活與心靈的平衡，那麼疾病反而是通往幸福的助力，憑藉這個有限的生命與脆弱的身體，驅使著我們去尋找生命的意義與喜悅。

身體的病痛正是心靈進化與提昇的先驅。

通常在心理狀態調整之後，就會有個更高的智慧來幫忙找到恢復身體健康的方法。選一個自己喜歡又適當的運動，再選一個符合自己需求且均衡的飲食，就可以在自然而然之間輕鬆地做到身心平衡。

露易絲．賀（Louise Hay）在《治癒你的身體》（*Heal Your Body*）一書中，寫著某些特有的思想型態，例如：批判、憤怒、排斥，這些是致病最大的原因。她以多年的研究，整理出導因於心理問題癥結所產生的各種症狀，同時列出治療它們應有的正確意識與心態。

以癌症為例，患上了癌症，表示長久忍受內心深處的憂傷與憤怒的侵蝕，而我們治療它應有的正識為：我內心沒有祕密，我放開以往的一切，我目前的生活是快樂的。

心念影響身體，而健康是幸福與喜悅的根本。請好好照顧自己的心，好好學著善待自己吧！

*身體與脈輪：身體病痛與心理有著奇妙的對應關係。健康的根本在心，心平靜了身體也就能慢慢地得到修復。所以當我們生病時，不要急著向外求，先試著靠自己自身的修復系統恢復到健康的狀態。人和動物是一樣的，動物生病時都是靠自己修復，而我們人其實也能夠做得到。

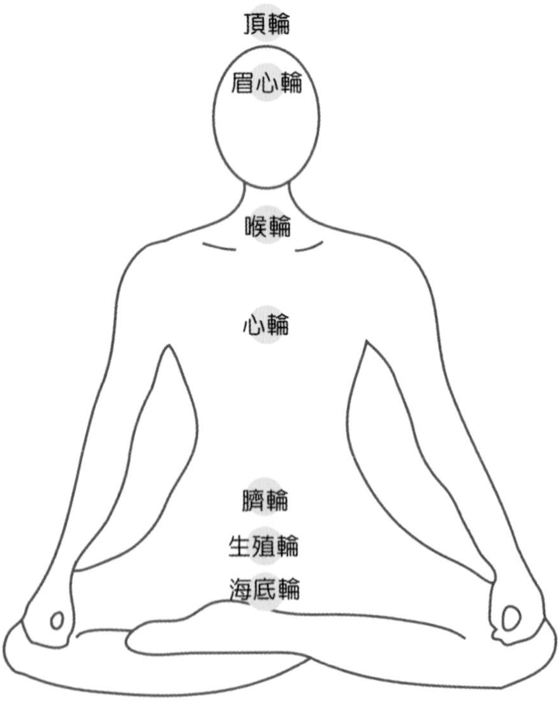

一個人獨處的喜悅與幸福

大部分的人都很害怕獨處，因為只有自己一個人時，很容易感覺孤單寂寞。現代人只要獨處時，就會找手機、平板等3C產品作伴，於是在捷運上有八成的人是在滑手機。在餐廳用餐時，我也常常看到一家人各自沉醉在臉書或Line的互動當中，完全無視於周遭家人的存在。

早年的我也很害怕獨處，常常會有孤單不知所措的感覺。當時還沒有智慧型手機，於是我會在工作之外的空檔排滿活動，約姊妹們喝咖啡、聊是非，藉此排遣時光。及至後來，我才明白這樣的模式其實是將自己的需求投射到他人身上，外表看似熱鬧風光，一旦回到自己一個人的狀態，反而會倍感孤單。

瞭解這些心理狀況之後，我才將注意力拉回到自己身上，努力培養獨處的能力。剛開始，我愛上繪畫，從繪畫的過程當中，我不斷接觸美麗的事物，從中不斷提昇自己。後來我愛上跳舞，放上喜歡的音樂，我便可以一個人輕鬆獨舞，在身體的伸展當中，開心地與自己共處。其後我更愛上了在公園練功、散步或騎車，在寬廣的大自然當中靜靜地享受一個人的樂趣。

漸漸地，我的生活裡有愈來愈多獨處的時間，這些單獨的時光讓我覺得全然放鬆。因為沒有別人，不需要顧及他人的感受，我可以隨興地做任何想做的事。自己就能滿足自己，我深深體會到的是可貴的自由與自在。我常常在逛公園時，隨興地停下來和松鼠對話，或者自在地躺在草坪上看雲彩的變化。這樣的獨處不僅僅在吸收美好的能量，同時也在感受著喜悅與幸福。

進入心靈領域之後，我學習靜心，從而養成晨間靜心冥想的習慣。

> 靜心是最高品質的獨處，因為當你處於全然忘我的境界時，那就是與宇宙連結的合一狀態，是一種無法言喻的平靜與喜悅。

但是對於一向習慣於忙碌的現代人而言，很難在初期就能安定地靜心。我在早年剛開始練習禪坐時，心思胡亂紛飛，身體腰痠背痛，壓根兒無法定下心來。有時一段時間折騰下來，感覺痛苦難耐，當時以為自己不適合禪坐，就決定不再練習。後來的幾年間，在我經驗過幾種療癒課程之後，比起早些年的無意識狀態安定清明了許多。接著我在無意間又參與了一個類似禪七的工作坊，這回我終於能夠安住，也漸漸能夠在禪坐中達到靜心的品質。

在這樣靜心的品質裡，我全然放鬆，身心舒適，彷彿沐浴在愛的大海當中，喜悅如泉湧，恩典滿溢。

如何培養獨處的習慣？

獨處的習慣可以漸進地慢慢去培養。選擇一個自己喜歡的興趣，例如：繪畫、攝影、書法、跳舞……透過持續專注的學習，讓自己愛上它，漸漸地讓這個興趣變成自己的專長，你就會體會到獨處的樂趣，進而享受一個人的喜悅與幸福！

「愛自己」的迷思

在探索身心靈的領域裡，「愛自己」是最首要的功課，因為所有的教導都是要先愛自己而後才有能力愛別人。這是非常正確的，但是許多人會誤以為「愛自己」就是物質上的補償或犒賞。其實，那些來自外在條件的滿足只是暫時的安慰劑，並不能夠真正讓自己活出愛。

真正的愛自己是要從內心深處去瞭解自己、解放自己、接納自己，進而讓自己處於身心都自在、舒服的狀態。

愛自己的方法有很多，最重要的是以正確的方式照顧自己的身體，包括正常的作息、良好的飲食習慣、適當的運動，還要多多接近正向能量的人、事、物等等。

在身體表相的事情因為看得到，所以也比較容易做到，但是轉換內在信念才是根本的長治久安之法。身心本為一體，如果沒有平靜的心情，我們對身體可能連基本的照顧都做不到，甚至還會因為情緒或壓力的干擾而引發其他身心疾病。因此，要做到愛自己，應該要從檢驗自己的信念開始。

譬如，培養說「不」的勇氣，這就是一種愛自己的方法。很多人都有無法拒絕別人的困擾，小至飯局邀約，大到金錢借貸。如果內心沒有十足的勇氣，常常會陷入兩難的局面：勉強答應了朋友，卻感覺對不起自己；如果狠下心不幫忙，則又會陷入自責的情緒裡。

我們應該要有正確的認知，每一個人都有選擇與被尊重的權利。別人有權提出請求，我們也有權作出讓自己心裡舒服的決定。如果我們願意面對自己的內心，真實看待這種兩難的狀態，真相通常都是我們沒有勇氣承擔失去朋友或遭人非議，心裡害怕的是被批評不夠義氣，或者自私自利。然而，「世事豈能盡如人意，但求無愧我心」，探討出內心的恐懼，接納真實的感受，然後鼓足勇氣，勇敢地說出ＹＥＳ或ＮＯ。

若不認真面對自己的內心，即便勉強給與別人幫助，大多數的人也會希望別人此後能夠反饋同等回報。如果屆時朋友的回應不如預期，自己就會陷入不平的情緒當中，在失衡的循環裡重覆著痛苦的糾葛。

沒有人想要被別人討厭，每個人都希望自己是別人心目中的天使，所以面對別人的要求時一概說「好」的大有人在。但是這種忽略內心真實感受的做法，久而久之，會讓自己內心的壓力愈來愈沉重。

做一個爛好人，勉強自己始終和顏悅色，這樣只會帶來身心疲憊，尤其會耗盡身體的自癒力，肝腎也會容易衰敗。這是非常昂貴的代價，而且委屈不一定能夠求全，只有先完整自己才是究竟法門。

接納不完美的自己

「接納不完美的自己」是「愛自己」的另一個重要信念。所有的光明面都是由黑暗面的陰影而來。如果我們想要得到快樂、幸福、被愛、自信，那麼我們應該先要瞭解自己內心的想法和真正的需求。

每一個「陰影」的背後都有一個禮物，只有接納陰影，禮物才會出現。陰影也是生命的一部分，只有真心擁抱它，生命才算完整。

唯有當我們認同「黑暗也是一種力量」，我們才能提起勇氣進入黑暗，在黑暗當中擁抱自己，並且與黑暗經驗到底，然後勇敢地從中穿越。

我們生活在群居的社會裡，每天都要與各式各樣、各行各業的人接觸。在與人接觸的過程當中，如果感覺是美好舒適的，我們就會很開心；但是如果有衝突發生，那就是我們往內看的時刻。

我們對待別人的方式，實際上是在反映我們對待自己的態度。除非改善了我們與自己的關係，對自己感到自在，才可能在與別人相處時感到自在。

想要改善與自己的關係，最重要的，就是接納自己的一切。

「接納自己」意味著必須去看見並面對我們內在那些不舒服的情緒，它可能是恐懼、羞愧、傷痛、孤獨、小氣、嫉妒、兇惡。這些真實而醜陋的樣貌，常常被我們壓抑、隱藏，或是忽略。如果我們批判它，就會在內在產生負面情緒，無形當中會耗盡能量，變得負面而痛苦。隨著年歲增長，那些被累積的負面情緒，不僅不會消失，甚至會不斷地啃噬著我們的內在，讓我們變得麻木不仁，無法感受到單純的喜悅。

接納自己就是去擁抱自己內在的黑暗面，面對各種不舒服的感覺和負面情緒。當我們試著去面對自己的傷痛時，剛開始會覺得非常痛苦，很想逃開，但是如果堅持「經驗到底」，繼續和這個感覺在一起，面對它、覺知它、經驗它，那麼它就會漸漸化解、慢慢消融，也就不會再困擾我們。

只有快樂的人才能創造快樂的世界；不快樂的人只會造成別人的不快樂。一旦內在的傷痛被化解，我們就能自在地與自己和平共處，進而輕鬆地建立良好的人際關係。當我們完全接納自己之後，自然而然就能接納別人，對人會有更多的寬容，也更能欣賞別人的獨特性，不會隨意地批判別人。

唯有當內在的衝突消失了，愛與喜悅才能自然綻放，那麼無論家庭或工作，各方面都能因為正向能量的提昇而產生和諧美好的關係。

不需要強迫自己凡事追求完美

追求完美也是一種執著的人生態度，凡事追求完美很難體會幸福。這是因為，在追求完美的過程裡，常常會違拗自己的本質，勉為其難地符合社會價值與他人的期盼。

麗芳是早期跟著我學瓷畫的學員。不久前她被檢查出肺癌，恐慌地跑來向我說：「老師，我的生活規律，飲食正常，也有運動，還培養出自己的興趣，這樣正常的生活，為何癌症還會找上我？」

麗芳跟著我學畫的期間，我發現她在畫畫的過程當中，有著一股一絲不苟的態度。這樣的學習精神固然可嘉，但是她會百般挑剔自己的缺點，從來都不滿意自己的作品，常常引得我忍不住勸她要放鬆些，不要自虐，要適時放過自己。

所以當她提出這個問題時，我的心中早有答案。我問她：「妳在生活上是不是一個事事要求完美的人？」她愕然地看著我，似乎還不能瞭解她這樣的個性與癌症的關係。

這種律己甚嚴的生活態度，會強迫自己在每一個角色上都要做到一百分，每一件事情都期待做到盡善盡美。這樣無情地壓榨自己，身體自然會抗議，長久下來就是造成癌症的主要心理因素。

我勸她要改變信念，以輕鬆的態度去面對每一件事情。她現在這個疾病就是一種內心強力的呼喚。人都已經在死神跟前了，還要執著什麼？不如以「人生是戲，出入自在」來重新建立價值觀，換個角度，放過自己。

我曾經因為心理上患得患失，所以事事委屈求全，希望成為別人心目中的大好人。表面上好像心地善良、樂於助人，一副溫良恭謙的樣子，讓眾人頻頻稱道。等到時日久了，一旦身心俱疲，這才開始警覺要回到自身，要愛自己，也就不再像以往那般溫柔婉約、事事配合。然而，既得利益者是不會希望現況被改變的，一旦我改變了，抱怨就跟著來了。此時，周遭的人會用「自私」來批判我，就連我自己也會自責——我當下明白，這些外在的指責與不滿其實都是來自我內心自責的投射。

他們無法理解當我在走療癒過程時，其實就像蛹繭化蝶之前的狀態一樣。處在這個過程中，既非蛹亦非蝶，不但脆弱，而且難熬，內心如同浴火般痛楚，這種歷程就是我在之前提及的「靈魂暗夜」。這個時候，我需要有更多的耐心，時時接納不完美的自己，慢慢地等待自己蛻變成為美麗的蝴蝶，如此一來才能給出無私的愛，也才能感受與人互動當中的喜悅與幸福。

學會和自己談戀愛

一生當中能夠陪伴我們最久的就是自己。我們應該呵護、珍惜自己，就像對待剛出生的寶寶一樣；寵愛疼惜自己，如同對待熱戀中的情人一般。我們要認清生命當中最珍貴的是自己的身心，其餘的都只是身外之物罷了。

對於許多人而言，基於傳統價值觀的包袱，去愛家人孩子比較容易，要與自己談戀愛反而是一件不可思議的事。然而，一切來自於自身，我們一定要好好珍惜、寶貝自己，才能揮別灰暗的過往，創造光明豐盛的未來。

珍愛自己的方法有很多，其中之一即是不要壓抑我們的欲望，或者以貶抑否定的態度來看待它。

我有一位孀居多年的阿姨，兩年前她認識了一位心儀的對象。我們鼓勵她勇敢地再去談一場戀愛，但是保守的傳統觀念卻讓她猶疑不前，還說：「笑死人了，我都快要七十歲的人了，會被人取笑的啦！」

幸好，她的兒女們都很開明，能夠同理母親獨居的孤單，所以都全然支持她。經過我們不斷地遊說，終於在前些日子他們雙雙出席了家庭的聚會。我看到阿姨的眉目之間閃露著戀愛中少女的情懷，真是為她感到高興。

我們要尊重自己的欲望，只要不傷害他人，不必在乎別人的冷言閒語，這樣才是愛自己的方式。我也深信，冀求獨立必須先讓自己擁有自給自足的經濟能力，如此才能保有自尊。在不違背法律、不傷害別人和道德的前題之下，我們完全擁有權利去滿足自己的欲望。

如果我們能夠多發揮自己的興趣和嗜好，讓自己處在滿意、自由的感覺當中，那麼我們就能以平靜的心去觀照愛的流動，在滋養自己的過程當中享受被疼惜的溫暖。

究其根本，就是你必須先愛你自己，然後才有能力去愛別人。如果你夠愛自己，你就能夠怡然自得、喜悅自在。培養自己成為一個優雅、可愛、從容、平和的人，自然就會吸引許多人的讚賞與喜愛。為了創造出這個優美的狀態，我們要把自己當作是這個世界上最珍貴的寶貝，好好地捧在掌心裡呵護著；要把自己滋養成一朵嬌豔、美麗、芬芳的玫瑰花，自己給自己施肥澆水，讓自己的一生永不凋謝。

生命的花朵只為自己而綻放，盡情活出璀璨的光彩！

因為簡單，所以美好

我們的頭腦裡總是有著很多很多的「想要」，為此我們庸庸碌碌、汲汲營營地去追求外在的成功與肯定，永無止境地忙著填補內心的貪婪。然而，真正的喜悅與幸福，從來不是由這些複雜難求的條件而來的。

把生活當中的需求降到最低，不再追逐「想要」，簡單地安住於「需要」，找回純真的心，執行減法人生，那麼我們便能輕易地靠近幸福。

我很能體會「由儉入奢易，由奢返儉難」的道理——我曾經自己紮紮實實地走了一回。從小我的家境清寒，物質條件很差。結束學業，到了開始賺錢的年紀，有一段時日，我曾經墜入金錢的遊戲，迷失在追逐名牌珠寶的誘惑裡。但是物質上的享受就像喝鹽水一樣，只會愈喝愈口渴，永遠不會感到自在。

到了中年，我才漸漸體會，自由來自簡單的生活。我開始刻意降低對物質的依賴，盡量讓自己回歸到單純的狀態。花了近兩年的時間，我讓自己帶著覺知，不再隨興揮霍、濫用金錢去購買一些只因一時衝動實則根本用不上的物品。這樣的改變，剛開始時我感到很不習慣，因為平時隨興刷卡花錢慣了，要不斷地勉強自己在「想要」與「需要」當中選擇，著實花了不少功夫。

然而一旦改變過來，因為已然帶著覺知，所以即使再入花花世界，也不會輕易地動搖，不會再次受到物質的誘惑。我心裡篤定而明白，當年養成那些舊有的習性，都只是虛榮心在作祟，如今反而愈能體會自然與簡單的美好。

有些人生活過於嚴謹，一生都在忙碌著；有些人事事以別人的需求為主，每天看著他人臉色過日子。如果能夠及早醒悟，瞭解自己的人生要為自己而活，不需要太在乎他人的眼光和想法，那麼生活當中就會減少許多「應該」或「必須」，如此一來心情就會輕鬆許多。

幸福並不是因為擁有得多，而是來自計較得少。人世間總有不合理、不盡完美的事情，如果我們苦苦苛求，事事計較得失，要求一絲不苟，那麼在龐大的壓力之下，最後受到傷害的終究還是自己。

說起來，這個世界上只有三種事：

我的事，他的事，老天的事。

如果在生活當中有疑難或糾結難解的情緒，那麼我會盡量遵循這個原則，回到內心問問自己：這是屬於誰的事？

基本上我們只有能力處理自己的事，每個人都要學會為自己負責，在這樣的原則之下就能簡化人事間的糾葛。

安於簡單的物欲、單純的人事，如此方能隨心所欲地生活，並且享受放鬆的心情，進而為自己帶來喜悅與幸福。

享受金錢帶來的富足

簡單的生活並不代表必須縮減所有的花費，清貧刻苦地過日子。很多人以為靈修就是要捨棄所有物質世界的享樂，對此我卻不以為然。相反地，一直以來我都在提倡修行與豐盛同時並進的生活態度。

金錢是一種中性的工具，如果費盡心思、苦苦經營，只是為了買豪宅、名車來炫耀比較、彰顯虛榮，那麼我們就成了金錢的奴隸。如果能夠運用金錢來提昇精神生活的品質，甚或助人，那麼同樣的工具就有了不同的意義。

當我開始執行減法人生，就是以「想要」還是「需要」做為消費與否的評量準則，藉此逐步改變自己舊有的揮霍習性。但是對於自我成長以及寵愛自己的花費，我從不刪減也未曾停止。

使用金錢的方法，也代表我們對待自己的態度。我發現，如果將金錢使用在真正愛自己的地方，滿足自己內在的喜悅，那麼它就會源源不絕地自動回流，進而嘉惠家人及親友。

由於我喜愛旅行，所以旅費從來不曾省過，每年總會出國旅遊一、兩次，即使在沒有出國的時候，也會在國內到處趴趴走。與家人朋友同遊是一件美好的事，優質的旅遊總是帶給我極度豐盛的心靈感受。

我也喜歡到國家戲劇院或音樂廳觀賞各種舞蹈或戲劇表演，而且一定盡量選擇較為前排的座位，為的是能夠近距離清楚地欣賞表演者細膩的動作與表情。這些動人的演出，是一場美麗且豐盛的饗宴，美好的感覺往往能夠觸動心弦，產生共鳴，進而提昇自己的能量。

我投資自己去參與多種不同的心靈課程，甚至遠赴印度求師。我持續地學習成長，在課程裡藉由良師的帶引，一再地找回本真的自我。透過持續自我成長，我才能藉由自身的體悟來寫書、演講，並將這些歷程與有需要的人分享。

金錢帶給我的是自由與豐盛，它滿足我精神上的欲望，也成就我內在的成長，並且享受生活當中的幸福與美好。

唯有完整自己，才能無私助人

「親愛的，外面沒有別人，只有自己。」我很喜歡這句經典名言，並親身印證。所有的外境，包括家人的互動、朋友的品質、工作的狀態等等，這一切都是我們內在意識的投射。所有外在環境的苦難都是為了讓我們「藉幻修真」提昇靈魂成長的工具和面相。

「萬法唯心造」，只有從自己內在的意識去清理與提昇才能改變外在的環境，或是擁有選擇幸福的能力。在清理內在的過程中，會有一段辛苦的過度期。有些人因為受不了這個過程，就會退縮轉而選擇逃避。表面上看起來似乎是風平浪靜，內心裡卻是暗潮洶湧、驚濤駭浪。

我常說：「穿越靈魂暗夜會辛苦一陣子，但是選擇逃避，則會痛苦一輩子！」踏入心靈領域要有十足的勇氣與行動力，在我們能夠真正站穩之前，要先避免受到外在負面事件的干擾。很多人雖然懂得這個道理，但是在實際的生活裡卻很容易就被負面事件所影響。

欣宜是一個溫柔體貼、善於傾聽，且又會分析事理的人，加上她對心靈書籍和課程的熱衷，所以慢慢變成了周遭朋友們傾訴的對象。長久下來，她感到不堪負荷，煩惱地向對我說：「老師，我怎麼覺得自己像一個垃圾桶？別人總是不斷地向我倒垃圾。一再地聽著別人的抱怨，我常會覺得胸口一陣縮、一陣緊的，心輪整個悶住，難受得幾乎換不過氣來。這樣的負面能量讓我覺得好不舒服，好累！」

我告訴她，一般專業的心理諮商師也都需要適時地清理諮商過程當中吸收的負面能量啊！她這才瞭解，能量的交流影響有這麼大。有時候，我們自己難免也會因為享受「被需要」的成就感，而忽略了自己其實還不夠穩定。

我建議她，不要急著想要助人，以免因為太過熱心而妨害了他人的成長。還是要把重心先放回自己身上，完整自己，在穩定的能量當中，更能給與別人溫暖的陪伴或中肯的建議。幫助他人的同時，我們自己也要學會排除負面能量，以便保持身心清明的覺知與平衡。

我也曾經有過類似的經驗，因為聽了太多負面情緒的話語，而感覺心悸胸悶。後來我警覺到自己的狀態，馬上把重心放回自己身上，立刻結束對話。然後一個人放上靜心的樂曲，隨著輕颺的旋律舞上一陣子，這才散掉了悶氣，重新讓能量恢復到平衡的狀態。其實，我們不必對負面能量過於恐懼，只要有覺知在，透過一些方法，很容易就能讓自己回到原有的平靜。

排除負面能量的方法：

可以選擇脈輪能量舞蹈、練功、禪坐、唱歌，或是到大自然裡欣賞花草樹木，迎向暖陽和風。我也喜歡到大海邊聽濤聲，讓大海的水療調理我的能量。

親愛的你也可以試著多方面地去找到適合自己的方法唷！

人生可以不必「帶傷而行」

所有的苦難，都是化了妝的祝福。

一個專業的諮商師朋友，在閒聊當中得知我上過許多心靈課程，他一派輕鬆地說：「我呀，常常勸我的個案，人生嘛，總是難免磕磕碰碰的，傷痛是每個人都有的過程，但是路還是要往下走啊！所以囉，『帶傷而行』是免不了的啦！」

乍聽之下，這句話好像頗有道理，但是細想之後，感覺似乎對又似乎不對。坊間有許多激勵人心或是正向思考的書籍都是鼓勵我們只要去看事情的光明面，不要太在意黑暗面。彷彿只要選擇面對陽光，就可以不需要理會背後的陰影。

但是光明與黑暗就像是銅板的兩面，無法單獨存在。如果只看好的一面，硬生生地壓抑了負面情緒，這樣做就像是把尚未消毒的傷口包紮了起來，發炎化膿便是遲早的事。那些還沒有被完整經驗的傷痛就是「負荷」，它們需要被看見、被清理、被釋放，然後你才能真正地穿越。

面對傷痛確實需要勇氣，而逃避傷痛卻只會讓身心付出更大的代價。

我相信，穿越過靈魂暗夜之後的人生，是不再有傷口的。即使對於外境依然還是會有情緒，但是那些情緒都會像天空裡的浮雲來來去去，不再駐留。

透過修行會提昇我們的意識，瞭解一切外在的事件都是空性，沒有是非對錯之分，是我們扭曲的信念賦予了它好與壞的評價。經過適當的引導，我們慢慢就能看到一切的外相都來自內在的創造，都是為了圓滿生命的課題。

在這樣澄明平靜的心境裡是沒有傷痛的，即使過往的生命故事悲慘不堪，我們也只能讚嘆自己的演技和創造力太好，演了一齣精彩的人生大戲。

對真相說Yes

心靈名著《一念之轉》的作家露易思曾說：

「要做真相的情人。」

當事情已經發生，我們不要再抗拒、懊惱地一直問：「為什麼？」而是要調整心態去接納既定事實，坦然面對生命當中所有發生的「真相」。

生命當中沒有單純的巧合，所有發生的一切都是我們的靈魂在出生之前就已經規劃好的生命藍圖。當我們還不懂這個道理的時候，會覺得自己是受命運操弄的受害者，一旦明白並且真心接受，那麼就能拿回力量，成為未來命運的創造者。

在我的生命當中，以前潛意識裡總是覺得，父親和弟弟的相繼過世代表他們遺棄了我。弟弟還在世時，因著傳統重男輕女的觀念，母親對他有著出人頭地的期許。而我則一直是躲在弟弟的背後，打混過日子，想要平平凡凡地過這一生了事。

弟弟的過世，重重地打擊了我。一方面是失去親人的哀傷，更深層的是面對未來的恐懼，因為我必須取代他，成為家庭的支柱。這樣的負擔對當時的我來說真的很沉重，我的心裡很害怕、很抗拒、很難接受，覺得老天爺太不公平，把我的生命捉弄成如此悲慘而辛苦。

但是，在靈魂的層面上，我並沒有耽溺於自怨自艾，我反而勇敢地活出獨立自主的人生態度，甚而成為他人想要學習的對象。

這些年，透過持續的修習，在意識逐漸提昇之後，我才明白命運的各種安排都有它的原因。有時候看似天道不公，其實這些事實的背後，都暗藏著禮物。一旦我們學會了接納真相，不再抗拒，那麼，洞見浮現，這就是老天送給我們最珍貴的禮物。

過往生命當中所有的苦難與波折，我都當成是滋養自己的肥料。我所擁有的這些生命經驗，如今全都成為可以與人分享的心靈糧食！

已經發生的事情，或是正在發生的事情，都是生命過程中最好的安排。

雖然在災難發生的第一時間，我們會感到難以接受，甚至會抗拒事實。但是我們必須學會轉換心境，堅定「做真相的情人」，試著去接納所有已發生的一切。一旦我們真心接納了真相，當下恩典即隨之而來，我們就會體悟到生命的巧妙安排與美好豐盛！

這種對真相全然Say Yes的信念，就是臣服。

臣服代表對天的敬重與謙遜，如同老子所說的「上善若水」。水是柔軟、順勢、不抗拒，柔順的力量卻能「滴水穿石」成就大業。

在學習全然臣服的過程當中，有時候，我們會感覺迷惑：「這些靈性理論我都懂，可是為什麼就是做不到？」那是因為頭腦裡的知道只是知識上的理解，並不代表心裡真正的明白與接納。

頭腦到心的距離正是這個世界上最遠的距離！

除了透過不斷的修習，我們也要明白，「做不到」有時候是來自因果業力的影響。什麼是業力因果？所謂「業力」，一是我們過去曾經對別人做過的事或起過的念，而今轉回到我們自身的結果；二是過去沒有被完整經歷的情緒，在後續的生活當中不斷地重覆出現。

所謂「菩薩畏因，眾生畏果」，我們在發生不好的事情時，通常會先產生抗拒的念頭，甚或抱怨老天不公平。但是如果能夠以長遠宏觀的角度去看，就會發現這些惡運或許就是我們曾經種下的惡因。所有發生在我們身上的一切，其實都沒有對錯之分，我們要為它們擔負百分之百的責任。只有我們願意把指向別人的手指轉回到我們自己，我們才能真正轉化自己的命運。

很多人問我：「我已經療癒過很多次，為什麼外境還是沒有改變？」

親愛的，每當我們一起心、一動念，那都是一個因、一個待解的結。累生累世以來，我們不知道有過多少的結，這些相互之間牽連不斷的心結，只能靠我們自己一一去解套。

我們要不斷地修習改變自己，時時檢視自己的身口意，減少口出惡言，不再心生惡念，才能邁向喜悅幸福之門。

調對頻率，迎接喜悅幸福

幸福從哪裡來呢？

答案當然因人而異，而在我看來，究其根本，幸福不能外求。幸福，並不是擁有多少外在的金錢、物質、身分地位等等，而是從內在提昇意識，讓我們能夠看出這個世界的美麗、良善、和諧、愛……

一個人的心如果能夠全然敞開，信任並且歡喜接納宇宙所給與的一切，那麼源源不絕的幸福與豐盛就會自然地流入。我們不能只是靠著頭腦去許願，而是要將我們的心念調頻，調到可以與宇宙的振動頻率相呼應。宇宙萬物之間的運轉無非是能量的流動，只要頻率相當，能量的流動就會產生相應的外境。

愛因斯坦的質能方程式也說明：

物質就是能量。

我們每一個人的一心一念都散發出振動頻率。愈是負面的情緒，它的振動頻率愈低。反之，處在良善美好的正向情緒當中，振動頻率就會愈高，對於幸福的感受力也會愈高。

◆心理學家戴維霍金斯經過二十多年的科學研究，
歸類出情緒與振動頻率的關係：

1 開悟正覺：700~1000	10 驕傲輕蔑：175
2 安詳極樂：600	11 憤怒仇恨：150
3 寧靜喜悅：540	12 渴愛欲望：125
4 愛與崇敬：500	13 恐懼焦慮：100
5 理性與諒解：400	14 憂傷懊悔：75
6 寬容原諒：350	15 冷漠絕望：50
7 希望樂觀：310	16 罪惡譴責：30
8 中性信賴：250	17 羞愧恥辱：20
9 勇氣肯定：200	

上面這個頻率分列可以幫助我們檢視自己的能量狀態。我在演講時常常會引用這份資料來鼓勵大家維持甚至提昇正向能量。

在演講互動過程當中最常被問及的便是：「老師，那麼我們如何才能來到500的狀態？」親愛的，讓我們先來釐清能量運轉的模式。

假如我們現在感覺自己的狀態是處於150，帶有一些憤怒或者不滿的情緒，但是心裡卻渴望獲得平靜喜悅的心境，想要攀升到500的狀態。那麼我們應該要做的是循著憤怒的情緒，往內心深處找到它的根源。這根源有可能是原生家庭、親密關係、親子關係等等，我們要重新去清理這些無法逃避的生命課題。

當我們追根究柢就會挖出許多內在更深層的黑暗面，例如：羞愧、罪惡、恐懼等等。此時我們要真實地去面對這些黑暗面，透過面對、接納、處理，而後放下。唯有像這樣去經驗到底，才能釋放過去的情緒負荷，方能攀升到平靜喜樂的狀態。

很多人都不能接受這種能量先往下掉的過程，會下意識地想要逃避，但是生活當中因為「關係」所帶來的坎坎坷坷並不會就這樣平白消失，我們能逃到哪裡去？

能量提昇的過程和登山雷同，如果我們現在所處的山頭只有150，那麼不管你如何努力地原地往上跳，最後還是會掉回150。想要到達500的唯一方法，就是先讓自己的心態歸零，勇敢地降到谷底，重新選擇對的方向和目標再往上爬，才有可能攀上500的山峰。

坊間有一些激勵課程，都是屬於頭腦層面的運作。很多人在上過那些課程之後，會有一段時間以為自己改變了，覺得自己充滿了正向樂觀的能量。但是，如果我們不曾真正面對和穿越內在的黑暗面，那麼一旦在生活中再碰到一些問題，舊有的習性又會來襲，能量就會再次往下掉。這樣反反覆覆根本不能斷根，那些課程充其量只是暫時的安慰劑而已。

唯有下定決心讓自己重回谷底，改變習性，再勇敢地重新攀峰，才能來到真正的幸福桃花源。

以我自己的經歷為例，大約在十年前，花之華的教學工作已然穩定，我的中年轉業有了具體的成果。當時我的能量大概在300左右，因此在生活上，常常都有心想事成的驚喜，不時有一種志得意滿的驕傲。

但是，靈性的成長有著無法預期的軌跡，神要送給我的禮物不僅僅是如此而已，新的考驗接著不久就來了。

同一年，我的「關係」開始處處碰壁，親情、友情、婚姻都出現了空前的危機。當時我知道一定是我的內在還有需要清理的地方，外境才會引發我的負面情緒來提醒我。以前的我，最擅長逃離或壓抑以避開不舒服的感覺，但是這一次我卻強烈感受到逃無可逃的困頓，因此我決定重新探究自己的內在到底還有什麼陰影。我選擇放下身段，重新歸零，勇敢地展開一連串的心靈探索之旅。

這一往內挖掘，不久我就進入了靈魂暗夜的狀態。

在那種狀態之下，所有的自責、罪惡、羞愧、恥辱全部來襲，我又一次經歷失去父親的傷痛、對母親的自責、對弟弟的怨懟……當時這些負面情緒排山倒海而來，我完全無從招架，結果導致身體疲憊不堪，能量指數降到最低點。雖然過程艱苦難熬，但是我下定決心不再逃避，堅持勇敢地面對、接受、處理，最後終於可以淡然地放下它們。

經歷了一段長時間的沉澱，當我穿越了靈魂暗夜之後，不但很快回到了300的狀態，而且繼續往上提昇來到了400的狀態。我對生命充滿希望，快樂開朗、能夠接納自己的不完美，也能同理他人的立場、喜歡助人，生活當中所吸引來的人事物大都是正向美好的。於是過去所有讓我感覺痛苦不堪的往事，全部成為滋養我內在幸福花園的養分。

接著，隨著我持續地修習、不斷地清理，頻率指數也跟著繼續提昇。二〇一二年，我親身體驗了靈性的大躍進，一瞥覺醒之光，從此過去傷痛烙下的印痕便不再困擾我，即使那些負面情緒偶然出現，我也能在看清楚之後，很快地將它放下。能量處於500的狀態，心就在對的位置，有愛、有感恩、有希望，生活當中自然會充滿豐盛和美好。

自此，我追隨著內在的指引，在生活裡創造出人間天堂。到了現在，無論是畫畫、寫作或靜心，我都能穩定地處在寧靜喜悅的高頻能量當中。

在這些穿越和提昇的過程中，剛開始是需要被協助和支持的。參與一個自己喜歡的團體，透過老師的帶領和同修的鼓勵，我們便能更有力量地回到自己身上，開發敏銳的覺知力，找到自己內在的指引。外在的協助只是前期的陪伴和引導，到了自己穩定之後，自然會有更高的內在智慧引領著我們持續往更高的振動頻率邁進。

「不經一番寒徹骨，哪得梅花撲鼻香」，只有勇敢面對和接納內在的黑暗面，才能走出牢籠享受燦爛的陽光！

PART 2

在關係當中照見自己

人生可以說就是「關係」。每當我們在面對一個「關係」時，就如同在面對一面鏡子，可以藉此照見自己來修習我們的人生功課。

父母恩的提起與放下

在療癒的課題裡，「原生家庭」通常是心理學首要探討的問題。我們與父母之間緊密相連的血親關係，以及朝夕相處的深刻影響，是造就我們性格的最大因素。

在成長過程當中，我們不知不覺受了父母的影響，有些人會繼承父母的價值觀，思想信念漸漸變得與他們相近，人生的過程也雷同；另有些人則會選擇以叛逆顛覆的方式，走出與父母截然不同的生命形態。

在我的生命課題裡，與我緊密相連的便是我的母親。我和母親之間的關係，是我走入心靈領域最難解的課題，關係中的恩怨糾葛，剪不斷、理還亂，它的難度遠遠超過我的婚姻和其他的所有關係。

父親早逝，母親迫於環境艱困委屈改嫁，含辛茹苦撫養著我和弟弟。在我的印象中，母親對我們姊弟兩人的管教非常嚴厲，打罵不在話下，平日鮮少有溫柔的鼓勵話語。她的觀念是：「我不允許別人打我的孩子，如果我的孩子犯錯我要自己管教，自己打。」

就這樣，我們雖然不曾被繼父打過，卻常常受到母親嚴厲地責罰，還要看著她愁苦的臉色過日子。

猶記得童年時，母親常常不問青紅皂白就處罰我，而我當時卻總是在日記裡寫著：「我一定要體諒媽媽，因為她很辛苦、很可憐。」小小年紀的我，就開始背負魔咒，漸漸養成壓抑自己內心感受的習性。

記憶當中的母親，幾乎沒有笑容，日子過得非常不快樂。如果母親過得很哀傷，那麼我是絕對不敢活出幸福的，因為這意謂著對她的背叛！當年的我在潛意識裡早已接受了制約，從來不敢真正去感受快樂——這樣的心態正是我早期人生的寫照。

命運的乖舛不僅如此，我唯一的弟弟在他十七歲那年意外身亡。弟弟過世之後，我告訴自己一定要努力做到至孝，來彌補母親的喪子之痛。我決定此生都要隨侍在旁，即使結婚也要堅持與她同住，好善盡獨生女的孝道。我盡量壓抑自己的情緒，希望事事都能讓她滿意。但是情緒愈是被壓抑愈容易反彈，有時候我和母親吵起架來，簡直是天翻地覆，弄得彼此都痛不欲生。

後來我進入心靈領域，開始探討原生家庭對我的影響。原來，我和母親之間愛恨交雜的關係，讓我無法真誠地去愛別人。我愈想表現孝道，愈會引發內心的抗拒。在對母親恩情的提起與放下之間，我的內心裡有千萬個糾葛不清的心結。

後來當我開始進入「內在誠信」的療癒過程，我決定先自私地做自己。起初，這種「冷漠」的態度，讓我非常自責，我痛恨那個連對自己母親都如此冷漠的我！在那個「見山不是山」的靈魂暗夜，雖然我堅定地支持著自己，但是自責的煎熬著實很不好受。而我必須尊重這真實的感受，耐心地看著這醜陋不堪的黑暗面。

經過印度合一大學靈修課程的深度療癒之後，我漸漸可以同理並且體會母親的苦楚與無奈。外公早逝，外婆長年離家，母親的童年裡，從來沒有父母的關懷，可憐的媽媽，她根本沒有機會被疼惜和愛護呀！這樣的環境背景，教她如何懂得真愛？

「一個人如果心中沒有愛，要如何期待他能給出愛？」

當我明白了這個道理，我終於可以放下心中的怨懟，並且尊重她的所有選擇，不再和她爭執。我們就這樣開始平靜地過日子，然而我當時以為，這一生我和母親的關係，頂多就是像這樣「和平共處」了。

隨著覺知的增強、意識的擴張，慢慢地，我接納了，我臣服了，伴隨著能量的流轉，我竟然真的蛻變了。我們經過多次誠心的溝通，母女兩人開始展開新的互動。她不再像以前一樣強勢地干預我，而是像朋友一般地尊重我；我也不再覺得有必要去扛負她的喜怒哀樂，而是改以關心代替擔心，從旁支持著她。在全然的交託當中，我給了她自由與愛，同時也釋放了我自己。

有一次母親的血壓突然飆過兩百，我趕緊帶她到慈濟醫院急診，兩個人在急診室裡待了一夜。陪伴的過程中，我隨侍床前，悉心照料。我看到自己能夠溫柔地伺候湯藥，耐心地陪她聊天，完全放下了過去常有的「不耐煩」，只是心疼著她在受苦。

同時，我也體驗到母親的慈愛與軟弱，她不再剛強好勝，不再嚴苛待人，周遭的氛圍祥和寧靜。那個時刻，我好感動，我終於走出了「原生家庭」帶給我的創傷。此後，我便養成常常問安的習慣，一有空就帶母親出來吃飯聊天。

現在我們走在一起時，我都會心甘情願地勾著她的手，摟著她的肩膀，還會向她撒嬌耍賴——這些親暱的動作以前我可是一點兒都做不到。

我深深地感受到母親的愛，愛人和被愛，同時發生著。這種真真實實的感恩和感動，不再只是「頭腦的明白」。

如今，媽媽成了支持我往靈性道途前進的守護神，我和母親之間的關係，已然來到了「和樂」的狀態。這讓我明白了「提起」不一定就能和諧，「放下」與交託反而會是更大的恩典！

尋找靈魂伴侶

「問世間情為何物，直教人生死相許。」在戲劇中，愛情是千古以來最吸引人的主題，也難怪有這麼多經典的詩句歌頌著它。

每個人都希望能遇見自己夢寐以求的靈魂伴侶，彷彿擁有了靈魂伴侶的陪伴，便是人生無憾的完美境界。

然而，所謂靈魂伴侶並不是全然意指情投意合、相處融洽、不爭執、不吵鬧的完美伴侶，我倒是覺得「關係是一面鏡子，反映出你內在的傷痛」這句話才是靈魂伴侶的最佳詮釋。

伴侶彼此之間都有重要的學習要完成，透過你在乎的人去感受你喜歡的特質，那個部分就是你的潛能；至於你討厭的特質，就是你要學習接納的內在特質。我們身邊的人都是透過同質相吸而來，所以對方的品質，就是我們自己意識的品質。

什麼是靈魂伴侶？廣義地說，他們是與你互動了許多世的靈魂，可能曾經是你的愛人、父母、家人、老師、朋友，你與這些靈魂達成協議，決定一起來到地球共同學習與成長。

這些對象，會與你產生共鳴，與他們相處時，有時候會感覺快樂而美好。但是同時也會有許多的挑戰，因為靈魂是為了成長和演化而來投胎的，目的是學習無條件的愛與寬恕。當你學習到了不再以小我來操控戲碼，能夠在受苦當中學會寬恕與愛，那麼你便能跳脫輪迴，回到宇宙大愛當中。

靈魂伴侶通常很容易讓你有一見鍾情的感覺，這個致命的吸引力，正是靈魂的安排，讓你心甘情願地與之合演人生大戲。在靈魂伴侶的關係中，我們會感受到最巨大的喜悅和最深的痛苦，不管彼此的連接是好還是壞，連接愈深，感受就會愈強烈！

一個人可以與靈魂伴侶享受充滿喜悅與和諧的一生，這是美妙卻極其罕見的恩典。

靈魂雙生火焰

「靈魂雙生火焰」是近年來心靈領域常被提及的一種關係。雙生火焰，又稱雙生靈魂或雙生光，是我們另外一半的靈魂。

我們全都是神的一部分。神，又稱萬有之主、神性、源頭、造物者。神，為了體驗自己，分裂成了許多靈魂，每一個靈魂又分裂成了許多靈魂，生成的靈魂又再分裂成許多靈魂。

這些中性靈魂最後的一次分裂，每一個都形成了一男一女的兩個靈魂，這就是雙生火焰。一個人通過靈魂伴侶修了許多關於愛、失去以及寬恕的功課之後，他的心通過痛苦與失去的考驗變得更強壯、更有適應力，才會遇到自己的雙生火焰（雙生靈魂）。只有經歷這樣的過程，他們才能面對與另外那一半靈魂相處時的更激烈的感受。

有些人是在遇到雙生火焰之前剛剛經歷過「靈魂暗夜」，或者甫經過靈性層面的轉化，也可能是在遇到雙生火焰時正經歷著這些。這種體驗好像是情緒、靈性和心智的大清理，是對靈魂的極致試煉。與「另一半」相遇可能是奇妙不可思議的，也可以是讓人瘋狂的，這樣的體驗會全面打開你的感知力和覺察力。

有的人會體驗到一些超自然的能力被打開，心會完全擴張，以體驗無條件的愛。事實上，你的生命會從此不一樣，不管你把它視為上天的禮物還是對你的詛咒，這都是你的靈魂向上演進過程中的重要挑戰。

在修習這些功課的過程中，不一定能體驗到愛和舒服的感受，有關寬恕與無條件愛的功課通常都極具挑戰性。有時候我們扮演的是「受害者」；有時候我們代表的是「黑暗」，目的是讓另一個靈魂得以呈現其光明的一面。

在這個過程中，「自由意志」和「自由選擇」扮演著重要的角色，我們一直在選擇是否和如何作出反應，以及如何看待彼此的關係。

在與雙生火焰會合之前，一個人必須有意識地療癒自己，使自己變得完整。雙生火焰的愛，不可能是互相依賴的關係、被小我操控的關係，或是認為「必須」藉由對方才能使得自己變得更完整。兩者都必須經常面對分離，獨自通過與神性的連接來獲得力量，並因之瞭解生命的意義。

雙生火焰在相遇之前，都必須先各自瞭解自己內在的男性與女性力量、陰性與陽性力量的平衡。當兩者都獨立成為自己堅強有力的支撐，療癒並解除現世的因果業力牽連之後，則可以聯合起來為宇宙更高的意識服務。當你能夠提昇到自己的小我不再控制自己的靈魂，能夠在受苦中學會愛與寬恕，開始真正學會覺察並選擇性地作出回應，而不是條件反射式地反應，你就打破了那個循環。

不管是靈魂伴侶或靈魂雙生火焰，其相遇的目的都是為了靈性的提昇，這些過程不會只是美好舒適的感受，有時候穿越黑暗的過程甚至會痛苦難熬、苦不堪言。我們不需要帶著浪漫的憧憬去期盼這些緣分，反而應該如實地回到自己身上，好好地完整自己。

雲霓是我在印度合一大學上訓練師課程的同學，她是一位資深的心理療癒師。她從知見心理學入門，再漸漸轉入更深層的靈性領域。那一回我們在合一的神聖殿堂和課程裡都經歷了很大的療癒、轉化與提昇。

課程結束，她就離開團體獨自去了聖山，當時她沒有說明緣由，我們就這樣分道揚鑣了。大約一年之後她才和我連繫，分享了這一段神奇的靈魂雙生焰的故事。

才剛見面她就迫不及待地問我：「妳還記得我們在合一聖殿做療癒的那一段過程嗎？」

我當然記得，當時我全然進入不可控制的瘋狂狀態，大哭、大笑、大喊、狂喜，能量的湧入啟動了生生世世輪迴的因果業力，隨後清理療癒，直到虛脫倒地，平靜地休息，然後重生似地迎接神聖的能量進入體內。對我而言，那可是一段難以言喻又不可思議的震撼教育！

雲霓說當時她也有同樣的過程，當她躺平進入靜心冥想時，眉心輪隨即出現一個陌生外國人的臉龐，他溫暖和善地對著她微笑。那個時候因為她已經累極了，影像一閃即過無法多想，直到第二天中午用餐時，在她身邊出現了這張熟悉的臉龐。當時她瞬間傻住了，四目對望的那一剎那，彷彿時光停駐，他們互相從對方的眼神當中，認出了彼此就是靈魂雙生焰！

從那一刻開始，連續幾天在校區內的活動當中，她的腦海裡都無法拂去他的面容！

在合一大學上課，由於男女校舍分住，即使下課後也完全禁語，所以當時他們沒有機會多聊。一直到課程結束，他們立即決定一起去到聖山，去探索和瞭解彼此今生相逢的意義。

以下是雲霓的分享。

在聖山的那兩週是我這一生當中感覺最自在、最完整的快樂時光。我們在一起的分分秒秒都像是和宇宙連結合一的狀態，不管聊天、散步、用餐，甚至默默無語地互望，我們都能感覺到深刻的融合，彷彿只有一個人的存在。生活裡無言的默契更是不時帶給我們意外的驚喜。

有一天，在滿月的月光下，我們靜靜相擁，突然之間，一股巨大的能量從心輪進入，我的身體不停不停地顫抖抽搐，怎樣都停不下來，後來我直覺地運用雙手把這股能量傳入他的心輪，就這樣才慢慢緩和了下來。在那個當下，我隨即接到訊息：這就是屬於雙生火焰的神聖點化。當時我們倆都覺得天旋地轉，周遭的一切樹木房屋好像都移位變形。經過這個點化，回過神來之後，我發現自己看事物的眼光變得更清晰了，樹葉更青綠、花朵更明豔，好像有一層迷障被掀開了一般……

這般甜蜜自在的感受，宛如置身天堂，我們都覺得此生足矣，真希望時光就這樣停駐！

接下來的相處過程當中，我們又經歷了多次點化，能量的交流與提昇，與在大殿裡的過程不太一樣，很難以言語表達，不過我能感受自己不斷地在清理。

透過兩週的連結相處與分享，我們都瞭解雙生火焰的相逢是極其難得的恩典，也明白這種感覺與靈魂伴侶不同，這是靈魂層面的高度提昇。

但是，畢竟我們還是得要回到人間。

他來自德國，也是一個靈性工作者。他經營自己的心靈中心，已經有一個穩定交往的女友。而我也有一連串的工作坊和課程正等著我回去帶領。雖然這樣遠距又複雜的狀況讓我們日後的交往變得很為難，但是，我們之間的感受太強烈、相逢太珍貴，這樣的連結讓我們幾乎難捨難分。於是，我們當時約定好先回去處理各自的問題，然後再一起走下一步。

他想要放棄在德國經營多年的心靈中心，到台灣來和我一起推展心靈工作坊，幫助世人覺醒，我們都深信，這才是我們今生相逢的真正使命。

即使當時我們以為只是短暫的分手，在離別時刻，我們仍感到極度的分離之痛。我們相擁而泣、不忍分離，那時我才頓悟，原來生離比死別更苦！不過，在那個時候我們真的都沒料到更苦的詛咒還在後頭！

我回台後隨即開始忙著處理中心的課程與個案諮商。經過這些洗禮，我的意識看似又提昇了很多，但是另一方面，他所捎來的訊息，卻一再地打擊著我。意料之外地，他的女友已經懷孕，心靈中心的合夥人捲入嚴重的財務糾紛，他不僅要處理外在的繁瑣事務，又得重新面對自己內心的黑暗面——自責、罪惡、恐懼、不安、懷疑——種種負面情緒不斷襲來，那個時候，他就像喝了孟婆湯一樣，幾乎全然忘記了我們的神聖盟約。

當時聽到這些令人震撼的消息，我完全不知所措，心痛不已。白天還能強打著精神工作，但是到了夜晚總是以淚洗面。我不停地問神：為什麼？為什麼？給了我這樣神奇的恩典，卻又這麼快速地將它奪走？

在我的認知裡，雙生火焰的重逢，應該是要共同完成這一世的助人使命，而後一起提昇的呀！我祈求神的恩典讓我明白這個事件的背後，禮物何在？

透過一遍又一遍地與神連結與靜心，我才漸漸明白，原來這一段神奇的相遇是為了我們倆更高的意識提昇與擴張。

我欣賞他柔和溫馨充滿了愛的療癒特質，以及平靜緩慢優雅的步調。這些都是外表俐落陽剛的我所缺乏的。透過他的展現，我明白了自己該去發展這些陰柔的內在特質，這樣才能更進一步地完整自己。

在我們都還沒有全然地自我完整之前，勉強再次重逢，或是渴求親密共處，甚或一起工作，都不是正確的時機。經過了幾個月的煎熬，對於他，我終於能夠臣服地放下。我唯一能做的就是透過遠距，不斷不斷地送出愛，以及完全不求回報的支持。

未來不可期，我不能懷抱任何的期待，一旦落入期待就得接受「求不得」的苦，這些就是神給出的答案與功課。

突然的分離與改變，帶給了我極大的痛苦與心碎，剛開始的那一段日子，我彷彿行屍走肉，渾渾噩噩過了好一段時日。但是穿越了那些表相的苦痛之後，我卻也發現自己的覺醒狀態增進許多，在工作上更能一針見血地突破個案的心防，送出更多的療癒之愛。我也發現了這段相逢已然讓我在愛中覺醒，真正體悟無條件的愛。

雲霓的這一段分享，讓我很感動。是的，當我再度望見雲霓的眼神，我已然明白，她已經蛻變轉化了。有些感覺很難言喻，但是她已經不是我在合一大學時認識的那一個人了，這樣的覺醒與重生是非常艱辛難熬的過程，猶如經歷過烈焰浴火之後的鳳凰。

這絕對是可遇不可求的靈性大考驗，雲霓說她希望藉由自己的分享，讓大家打破靈魂雙生焰這個美麗誘人的迷思。當然，或許還是有人欣喜相逢，可以平順、快樂、和諧地相攜相伴，但更重要的是，應該藉由這樣深刻的靈魂之約，達成更高的靈性成長。

愛情變色龍

美好的愛情，幾乎是所有人的嚮往，但是如果我們是在內心匱乏，或是在虛榮扭曲的狀態下，那麼會被我們吸引來的，往往也都是處於低頻率的愛情。

愛情也是一面「鏡子」，它會幫助我們照見內在的陰影。

我自己也曾經歷過刻骨銘心、苦樂參雜的情事。年輕時候的我，感情生活一向豐富，尤其是接近三十歲時更是我此生情事最為多彩的階段。當年的我，豔麗嬌美，身邊不乏熱烈追求的男士，情事交錯重疊，幾乎沒有喘息的空間。我每天忙得像花蝴蝶一般，除了認真工作，我的夜生活也是多姿多彩。

在這些追求者當中，有一個人更是把我的虛華推到了頂端，讓我更深刻體驗自己內在的匱乏。當時，我擁有自己的小貿易公司，在我辦公室所在的同一棟商業大樓裡，有一號特殊人物，他的公司就在我隔壁。這人外表風騷，常常一身雪白打扮，白西裝、白長褲、白皮鞋，全部都是高檔名牌貨，外加一頭往後梳理的油亮黑髮，那種神態就像賭神裡的周潤發，有一股懾人的風采。

他的衣著另類、笑聲宏亮，很容易成為大家注目的焦點。據聞他出身權貴世家，因為經商成功，多次接受媒體採訪，曾是《商業周刊》的封面人物。因著地緣關係，我們常常在大樓的電梯或走廊間不期而遇。初時只是彼此點頭微笑，漸漸熟悉了，也會寒暄致意。

見多識廣的他，很快地就從聊天當中明白了我對事業的野心。不久，他竟然力邀我成為事業上的伙伴。當年的我，很想要有一番作為，心想如果可以加入了他的事業體系，那就像坐上金馬車的灰姑娘，可以開心地去體驗各種華麗的冒險。

我很快地就答應了他的提議。白天正式成了同事之後，到了下班的私人時間，他也開始展開熱烈追求。某一年我的生日，當天一大早他便開著加長型的林肯名車，帶著一大束華美的鮮花，親自接我上班。下了班後，他刻意為我慶生，安排了酒店裡昂貴的燭光晚宴、香檳、佳餚、浪漫的音樂，加上他的殷殷情語，真的讓我不陶醉也難。

用過餐後，他隨即帶我逛名店街，說是我的眼光好，要我幫他挑選送人的禮物。我不疑有他，就在名牌堆裡展現我愛美識貨的能力。衣服皮包珠寶首飾，隨意加一加便是數十萬元，他毫不遲疑地簽帳買單，在我還沒反應過來的時候，就將那些東西交到了我的手中，說是送我的生日禮物，半強迫地要我收下。

說實話，當時我的心情除了不知所措，還真的是又驚又喜。從小一直在貧困生活中成長的我，那時的確虛榮到了家。年輕識淺的自己從沒如此闊綽過，所以我就這麼輕易地被溫情與金錢所堆砌的華美外相給牢牢套住了。

從此，我死心塌地陪他到處奔波。當時我們主要的業務是玉石買賣，常常要親自到雲南、緬甸去選購原礦，再以高價轉賣給香港、新加坡和台灣的珠寶商。中間價差很大，所以每個環節我們都得要親自參與。

好勝的我，為了成為他的得力助手，每天都認真地學習，工作當中幾乎得要十八般武藝樣樣全來。除了因應工作需要的許多專業知識，還得陪著客戶應酬。在內地，要陪一些東北大哥喝酒過招，一杯又一杯的五糧液或茅台，在他們一句「感情淺舔一舔，感情深一口悶」的激將下，我硬著頭皮全灌下了肚。

每當他作東宴客，我總要負責幕後籌劃，訂餐廳、連絡客人，最後敲定人人滿意的菜單。幕前還要妝扮入時、談吐得宜地在他身邊當女主人，協助招呼賓客。遇有歐美客戶來訪，我還得權充翻譯。

那一段時日，我的確在他的身邊跟著見了很多世面，學習甚多。我們天天都和台、港、新，以及內地的商賈名流洽商會談，白天開會談公事，晚上應酬喝酒，大都流連在五星級大飯店或是極為隱密的高級私人俱樂部。我們幾乎夜夜笙歌，享受的是紙醉金迷的奢華生活。

除了長袖善舞、八面玲瓏地處理人事，我也能吃苦耐勞，陪他下鄉。在攝氏零度以下的寒冬裡，住在沒有空調的破舊小旅館；在炙熱的夏季裡，坐上一輛沒有開窗的小巴，顛簸在沙塵滾滾的路上，一待就是七、八個小時。沿途的廁所不只沒有門，還髒到爬滿了蛆，那噁心的程度令人作嘔，簡直難以形容。在那樣艱困的情境下，我還是和他談笑風生，從不抱怨。

我的完美表現，贏得了他極度的讚賞和完全的信任。和他相處，對於任何工作上的挑戰，我都視為人生的歷練，毫無怨尤；唯獨他對感情的處理方式，卻讓我頭痛極了。

他口口聲聲說愛的是我，也的確溫柔體貼，對我極好，可是他公子多情又多金，身邊永遠有一堆似假還真的乾姐乾妹。這些鶯鶯燕燕，時常挑起我的自卑和疑慮，不斷刺痛著我善妒的心。

我漸漸失去了耐心，一次又一次，我們不停地為女人而爭吵。後來我也報復似地四處找人約會，他一邊穿梭於鶯燕之間，一邊又想盡辦法掌控我的行蹤。這樣的互動，彼此都失去了信任，只有懷疑、不耐，兩人的情緒都處在暴漲暴跌之間，每天辛苦極了。

至於那些奢華的物欲誘惑，在淺嘗之後很快我就厭膩了。每當我一身珠寶名牌、雍容華貴地參加晚宴時，我都會覺得自己像是穿上戲服的傀儡，演著皮笑肉不笑的戲碼。長久下來，虛榮已然漸退，我反而想要回到輕鬆自在的平凡生活。

在這樣的狀況下，當他慎重地向我求婚，想以結婚來安頓我們各自起伏不定的心情時，我已看清侯門深似海的「心」苦，不想就這樣淪為深宮怨婦。於是，我終究回歸心靈的呼喚，斷然結束了這一段門不當戶不對的戀曲。

回首再看這一段情事，我真覺得當年無明的自己是一條愛情裡的變色龍。我為了滿足自己的虛榮，甘願在別人的需求中，不斷扭曲自己的本性，幻化成他人眼中完美的形象。這樣極度壓抑、委屈自己的討愛方式，怎麼可能持久？變態的付出並不是真愛，又怎能得到讓自己幸福的真情呢？

還好，生命的帶領有著良善的軌跡，我以兩年的時間去經歷了物質上虛華的極致，體驗了被柔情包圍的溫暖，同時也忍受了嫉妒的折磨。最後在心的呼喚之下，神，聽到了我無助的求救，帶領我回到平凡的生活，重新再出發。

婚姻關係需要經營

一千多年前，唐代的一位女子李季蘭留下了這樣的句子：

至近至遠東西，至深至淺清溪，
至高至明日月，至親至疏夫妻。

婚姻關係裡，最常出現的爭執吵鬧便是為了生活瑣事而爭論對錯是非。小至擠牙膏、冰箱的整理方式，大到選擇房屋的大小、地點，其他還有婆媳問題等等。如果我們可以靜下心來，就可以理解，每一個人的信念源頭都來自於他們的原生家庭。兩個來自不同價值觀的家庭，要共同生活，需要許多的溝通與磨合。如果不幸兩個人的價值信念迥異，那麼我們該如何論斷誰對誰錯？

在靈性的層面上，生命的過程是一趟認識自己的探索之旅。要認識自己需要一面鏡子，關係就是我們的鏡子。通常在婚姻關係當中，它會反映出你傷痛的面向，或是你憎恨的面向。當你與伴侶起了爭執，你真正在對抗的是自己內在的陰影。我們討厭別人對待我們的態度，那就表示我們自己也有這樣的陰影，只是被壓抑了，沒有察覺，一旦別人刺激到那個「點」，戰火就會一觸即發。

如果我們願意透過婚姻關係的磨擦，重新看待內在的傷痛，帶著覺知地再次傾聽它、經驗它、接納它，那麼這份傷痛就會慢慢消融，爭執的狀況也會有所轉化。

婚姻裡，不需要爭輸贏，只要和平，就能幸福。

一對願意共同成長的夫妻，會用心地去經營彼此的關係，在溝通當中瞭解對方真正的想法，接納不同的價值觀。這樣的用心能夠培養「發現幸福」的能力，好似擁有一雙看見幸福的眼睛。

達賴喇嘛曾說：「給你的所愛，飛翔的翅膀、歸返的根和留置的理由。」你要對他信任，他才能自由喜悅地飛翔；你要散發平和溫暖的能量，他才會願意歸返；家裡要充滿了愛，他才有留置的意願。

對愛最常見的誤解，便是把依賴當成是愛。如果你時時刻刻都離不開你的愛人，這並不意味著你們愛情的濃度，而是一種內心匱乏所產生的依賴習性。婚姻關係裡保留彼此的獨立空間非常重要，如果兩個人的相處是絕對的重疊，那麼彼此很容易變成對方的負擔，愛情的能量就會堵塞，形成窒礙。

信任和尊重是婚姻裡最重要的基石，關係裡時而交集密合、時而各自獨立，這樣彼此都能自由地呼吸，也更能維持甜蜜。女性朋友在追求愛情的同時，也別忘了要投資自己，培養自己成為獨立自主的女人，這樣才能展現成熟的魅力。如果一直忽略自己，只是一味地依賴、討好男人，那麼過不了多久，你會反過來不斷地向對方索討曾經付出的愛，如此一來，所謂的「愛」已然為雙方帶來沉重的負荷。

如果你懂得投資自己，那麼你的提昇將會吸引相對優秀的對象前來，這樣才能享受平等而自由幸福的愛情。

千萬不要假愛之名，行掌控之實，讓愛變成了枷鎖，那不是真愛。

每一個人都是一個獨力而完整的個體，並不是別人的財產。尊重與信任才是關係當中最重要的養分。

愛與傷害，都是為了成長

J和我的緣分久長而深遠，相識至今已經超過四分之一個世紀。從奇妙的異國相遇，相濡以沫的相知相許，及至糾葛不清的愛恨情仇，我深深相信這必定是前生早已相約，今生要來彼此互渡的靈魂伴侶。

我所謂的「靈魂伴侶」，並不是指一生都如膠似漆、琴瑟和鳴的恩愛夫妻，而是在靈魂深處，為了成長，能夠互相刺激，藉此在心靈領域不斷邁進的對象。

因著這樣的靈性盟約，我隨著他經歷了妻子、後娘、媳婦、母親等等角色的扮演，這些歷程顛顛簸簸、有苦有樂、酸甜苦辣，滋味複雜。我們一起生活的這些歲月裡，旅遊是我們共同擁有的愛好，多年下來，也的確累積了許多美麗的回憶。孩子則是我們之間心靈連繫的重心，家庭相簿裡也留下了好多歡樂的紀錄。

他是么兒，在原生家庭的成長過程中備受寵愛；他聰穎過人，到了職場，經過幾年的努力，很年輕時就已經當上外商公司資訊部門的主管，一路順遂。有一次，當他還在IBM公司任職時，他邀請我去參加他主持的大型研討會。由於他的邏輯思考清晰，表達俐落簡潔，在場的人無不心服口服，讚賞有加。從頭到尾，在台下的我眼光只在他一個人的身上流連，神情專注地欣賞他自信迷人的風采，心裡對他崇拜極了！

他的自信，相較於我從小沒爹疼、沒娘愛所造成的渴愛自卑，著實有著極大的反差。這樣的互補，就是我們互相吸引的原因。

我因為對愛匱乏而渴望討愛，所以一逕地對他百依百順，希望他能以愛回饋，彌補我空乏的心靈。他一直以來習慣了周遭人們的配合、寵愛和肯定，所以也同樣期望我能夠為他犧牲一切、奉獻到底。當然他這種行為也是一種變相的討愛方式，我因之長期委屈求全而扭曲自己，造成我心生怨懟，情緒容易時而失控。

婚姻生活裡，再深的愛戀也敵不過複雜的人事糾葛不斷地磨損彼此的關係。每每遇到困境，我總是期待他能體會我的難處，疼惜我的委屈。但是他的回應一逕漠然無語。我們不斷地撕扯拉鋸，直到彼此都感到精疲力竭。

我以憤怒大吼進行抗議，他則以冷漠不語表示報復。我覺得他就像一個被寵壞的孩子，只要遇到他不願或不敢面對的難題，就把所有不滿的情緒都壓到心裡去，然後擺著一張濃得化不開的陰霾臉色，冷漠地向所有身邊的人抗議。

婚後初始的那幾年，我老害怕是不是因為我做錯了什麼，才惹得他不高興，所以總是誠惶誠恐、屈意承奉地討好。慢慢地，我愈來愈清楚他的「臭臉」並非針對我，而是當他無法或不願表達內心真實感受時，一貫的反應。

我也慢慢覺知到——是的，我必須坦白承認，在他身上我的確看到了我自己的影子。外表熱情有禮的我，常會有誰都不想理睬的冷漠情緒，只是我擅長以理性壓抑任性，好讓自己呈現完美親切的形象罷了。這個認知提醒了我，當我們在批判別人時，那些不被接受的面相，其實往往都是自己內在的一部分。

「靈魂伴侶」就像一面鏡子，他映照出來的其實是你內心的真實狀況。我最初聽到這種說法時，感覺很像被醫生判定得了重症一樣，完全不能接受：「我怎麼可能和他一樣？我多討厭這樣的臉色啊！」

我曾經竭力抗拒這個「標籤」，只是愈抗拒似乎自己也變得愈冷漠、愈自私，油然而生的是自責和內疚。就這樣輪迴不休地惡性循環著，直到我願意臣服，然後在神性中療癒這些長久被壓抑的情緒負荷。

好久好久以後，當我漸漸學會了愛自己，才心甘情願地接納這個真實的自己。

至於J和我之間，即便我能夠瞭解他的狀態，並不代表我願意接受這樣的對待。每一回忍無可忍的時候，我就斷然求去，他一看我無意流連，就又會百般安撫。如此反反覆覆，我倆無奈又矛盾地跳著時而甜蜜緊偎、時而冷漠遠距的雙人舞。我很明白，無論再怎麼愛，我都不願意賠上自己的生活和生命，我決定拿回生命喜樂的主導權，獨自走出自己的心靈之路。

在單獨的寧靜當中，我學會了如何冷靜地從煩擾的舞台上走下來，客觀地看著過往的自己，慢慢找回了做自己的方向與力量。

到了現在，當我透過修習去除了內在的雜質，加上拉開了兩人相處的距離，我們各自保留了一些獨處的時間與空間，我就更能欣賞他的冷靜平穩、幽默風趣等特質，而這些特質對我來說完全是互補，彌足而珍貴。

當我重新看待我們之間的關係，我也發現其實他一直在我身邊穩定且默默地扮演著支持者的角色。我寫的每一本書都是他在校稿；每一次的畫展幾乎都是他在布展；花之華的網站也都是他在建置與維護；更有甚者，當我想獨處時，他就會盡心地照顧好我們的愛女，讓我完全沒有後顧之憂地去走心靈道途。此時，曾經以為的傷害早已隨著意識的提昇而煙消雲散。

這樣的體悟與認知，讓我深深感受到他深刻的愛。這份情誼早已超越一般的男女情愛，我們已經是互相支持照顧的親密家人。

我很感恩此生有這樣一位相知相惜的伴侶，在相當的程度上成就了我的靈性成長。

甜蜜的寶貝

為人父母者，對於孩子總是有著許多的期許與盼望。期許他們成績優秀，將來找個好工作，以期衣食無虞；期許他們能夠覓得良緣，婚姻美滿；期許他們一生順遂，平安無災。

在父母這些無止盡的期許之中，有許多都是從恐懼或憾恨投射而來。有些父親自己的工作收入低微，便會希望孩子將來可以當醫生，就能賺很多錢；有些母親自己的婚姻貧困不幸福，就會強迫女兒嫁入豪門，以彌補自己的缺憾。在東方人的傳統觀念裡，父母很難做到瀟灑地放手。其實，每一個孩子都是獨立的個體，他們都擁有與生俱來的生命藍圖，有他靈性成長的路徑，也有他經驗生命、享受生活的獨特方式。

父母對於孩子來說，除了生養，便是要在無條件的愛當中，支持著孩子無畏地往前走。所以父母應該要好好「活出自己，做孩子學習的榜樣」。孩子們很聰明，他們不會只聽你說了什麼，父母在生活當中表現出來的「身教」，對孩子的影響尤劇。

我的童年並不快樂，父親早逝，家境貧寒，母親扛負的責任很重，這樣的情況條件之下，她很不快樂。無意識當中，我也慢慢養成了人前歡喜快樂，人後惶然不安的個性，輪迴著母親的人生戲碼，差一點成了憂鬱與癌症的受害者。

我的小女兒出生之前，我已經進入新時代的心靈領域，我明白一個不快樂的母親，不可能教導出快樂的孩子。在女兒襁褓之期，我一心只要她健康快樂，當時我是一個快樂的母親，她也是一個快樂的孩子。當她慢慢長大入了學，我那無明的期待還是會興起，開始要求她的作息、她的功課。她承受著我給她的壓力，我也要承擔求不得之苦，生活中不愉快的事一件一件地跑出來。

每當這個時候，就是在考驗我們的覺知。我很快地看到，並且憶起初衷，將重心再度回到自己身上，開心地活出自己，當她的朋友，做她學習的榜樣！

有些朋友會問我：「可是如果不管孩子，任由他們懶散隨興，那麼將來怎麼在社會立足？怎麼好好生活？」

這就是我們內在恐懼的投射！生命有他自己的出路，嚴格的管教不一定會得到滿意的結果。如果我們能在心裡默默地祝福，以鼓勵代替要求，以真愛支持孩子，在溝通當中尋找彼此的平衡，那麼我們自己才能免於恐懼，孩子也能感受到被愛。神奇的是，當父母不再罣礙、恐懼時，適合孩子的學習方法便會自然到來，親子間只要好好溝通配合，那麼孩子往往會表現得比我們預期的還要更好。

後娘的心

現代人的婚姻狀態多變，於是有了許多複合式家庭的產生，在家庭中的角色也多了不同的挑戰。

在我婚姻當中，便曾經認真地扮演過「後媽」的角色。

J有個愛女，她活潑可愛、聰明伶俐，我們結婚時這個才三歲的小人兒，很輕易地就勾起了我巨蟹座的母性本能。我真心疼愛這個總是親暱甜蜜地喚我「媽咪」的女兒。

那幾年，我一心想要認真地做一個賢妻良母，為了這一對我深愛的父女，我用心學習炊煮，也刻意學會烘焙孩子最喜歡的蛋糕和餅乾。我的生活完全以他們的作息與需求為主，我天真地以為婚姻會是我的避風港，從此我飄泊不定的心，可以安全地停歇。

然而，我那百般討好、討愛，急欲表現完美後娘的心態，其實在潛意識裡卻是想要掌控全局，希望每一個人都能誇讚並感謝我的用心付出。每天我都和J搶著照顧孩子，從穿衣、吃飯到洗澡、陪睡，無一遺漏，生怕自己不夠稱職。

每當女兒因為想念她的親生母親而哭鬧時，我便會緊張不安，總以為是自己做得不夠好。每每床邊故事說到白雪公主或灰姑娘被繼母虐待時，我就渾身不自在，唯恐自己被貼上惡後母的標籤。

帶著孩子出門，她天真地和別人說起她有兩個媽媽，這時我也會忐忑不安，擔心別人以異樣的眼光看待我。我戒慎恐懼地扮演著自己心目中那個善良又完美的後娘，在扭曲的心態下，刻意壓抑著疲憊的身心。

這樣緊繃的狀態根本就無法持久，一旦超過我能承受的臨界點，崩潰的情緒連我自己都無法控制。這時候，我會忍不住在J面前，暴跳如雷、又吼又叫、咒罵不斷，惡毒的程度簡直像是一個瘋狂的魔鬼。

接下來幾年的婚姻生活中，我都是在這樣心緒起伏不定的狀態下苟延殘喘。我常怪J對他的前妻態度懦弱，又怪孩子的親媽干預東、干預西。後來將心比心地想想，有哪個母親會心甘情願將孩子交給他人撫養？最後我無奈地答應讓孩子回到她親生母親的身邊，那一段分離的日子真是一個痛苦的過程，且讓我覺得自己是一個失敗的後媽。

外在的情境逼迫我開始認真地往內走，試圖拿回自己的力量，也因此這個大挫敗反倒成就了我的成長。

現在想來，孩子要面對兩個搶愛的媽媽自然有她的為難之處。電影《親親小媽》對於這樣嫉妒的情結有著極為精闢的描寫。電影裡為了要有好的結局，劇情安排了大媽罹癌逝世，這才終止了兩個媽的戰爭。真實的生活裡，如果親媽不願放手交託，那麼「後媽」的角色真的很難為。

然而比起外境，更加為難自己的，還是我那追求完美的個性，以及沒有拒絕被迫害的勇氣。這一個生命難題一直到了我深刻地去面對自己的黑暗面之後，才慢慢穿越。

現在我已然在這個尷尬的角色裡，拿掉了以往的制約，不再期待或渴求自己的重要性。更明白地說，我是臣服於「本來就不是媽」的真相，不再執著於角色的認同，改以朋友的立場去和孩子互動，不主動介入她的生活，單純只是被動且善意地支持與陪伴。

就這樣，我自己減少了壓力，也讓女兒減輕了夾雜在大人之間的困擾。如今我們彼此尊重，相處起來就像朋友一般輕鬆自在。

當小三來敲門

「婚姻」是生命當中非常重要的關係。很多人在年輕時選擇的結婚對象都是內心對愛渴求的投射，這種投射式的愛情雖然多半不會持久，其過程卻也是人生重要的歷練，是生命歷程裡不可或缺的學習。

我的好友英如從小就失去父親，談戀愛時，她很容易被年長又溫文儒雅的男士所吸引。一位善於照顧他人，或者體貼入微的男士，就能輕易地使她墜入情網。

她剛出校門沒多久就認識了年歲比她大上許多的對象，年紀輕輕就結婚了。對於一個自幼失怙的女孩來說，她從不諱言，她是在丈夫身上尋找失去的父愛。婚後先生對她呵護備至，但是這種戀父情結式的婚姻，其實對她先生很不公平。

他們之間完全沒有共同的興趣，價值觀又迥然不同，郎才女貌的背後，她只是貪戀他的體貼與照顧。

當時的英如不事炊煮又疏於家務，一味地以自己的「鴻鵠大志」為由，全心投注在工作上。除了上班、加班之外，她還利用晚上的時間及假日上課進修，希望得到公司更多的讚美與肯定。說起來，她根本無心也無暇經營婚姻，甚或是關懷先生的生活起居。

英如這種只顧自己需求的婚姻模式，很快就招來了因果對應。婚後沒幾年，老公也開始以工作忙碌為由，愈來愈晚回家。英如在不經意當中，發現了汽車旅館的發票，加上朋友也從旁提醒，說是曾見到她先生帶女同事回到他的父母家中。這些異常的跡象讓她開始陷入焦慮……

幾經查證，終於確認她先生戀上了一位溫柔婉約的女同事，且因職務之便，兩人同進同出好一陣子了。英如忍不住嚴厲質問，又哭又鬧……丈夫則是為了息事寧人，一概否認，只說是單純的同事情誼，要她別胡亂猜疑。英如的心態也很弔詭，明明是食之無味的婚姻，自己也不曾好好珍惜，但是在第三者出現時，卻又不願輕易放手。她幽幽地坦承：「現在想來，當時根本是自己內在的嫉妒心在作祟。」

丈夫口頭上不承認出軌，行為上卻依舊早出晚歸，搞得英如不安的情緒日益加劇，兩人之間開始合演一齣「諜對諜」。為了掌握他的行蹤，英如自己當狗仔到公司堵人，也曾跟蹤至情敵的家門口苦苦守候，只為了確定他是否說謊，看他有沒有送她回家。

終於有一天晚上，英如逮到了證據，她親眼見到丈夫攬著那女人的腰，兩人親暱地走進了那女人的家。那一剎那，她的心碎了……

提起這一段難堪的往事，她語氣頓時高亢起來：「當時胸口有一股怨憤之氣直衝腦門，心裡一直自問：他為什麼要騙我？為什麼要這樣對待我？」

以下是她的自白。我們看得到一位遍體鱗傷的女人，深陷痛苦之中難以自拔。

狂飆的情緒，曾經讓我衝動地想要上前直接賞他幾個巴掌！但是當時的我因為害怕失去，竟然沒有勇氣去面對，只能選擇攔了計程車到酒吧買醉！

那一段時日，猜忌、懷疑、嫉妒、不甘等等負面情緒交替來襲，我幾乎日日夜夜、分分秒秒都在提心吊膽。生氣時，像一隻暴怒的母老虎，丟枕頭、甩杯子、搥他、打他……當他道歉安撫我的情緒後，我又會自我反省、責備自己，覺得都是因為自己不夠關心他，才會給了別人機會趁虛而入。

我自己不甘就此結束婚姻，不願背負離異棄婦的名銜，再加上親朋好友和母親也都勸合不勸離，為了求全，只好委曲，裝扮成溫柔善體人意的小女人模樣，希望可以打敗小三，重新贏回他的心。

這些痛苦的過程，就像八點檔的連續劇一般，每天都在重覆一些類似的情節。他一邊對我承諾不再與對方見面，一邊卻又藕斷絲連。就這樣反反覆覆，不停地折磨著我幾近瘋狂的心靈。每當情緒崩潰無法控制的時候，我就以酗酒、抽煙、混酒吧來麻痺自己。

為了逃避這種痛苦的折磨，我曾經選擇赴美工作，讓自己暫時離境，希望在新的環境裡，冷靜地重新思索這段婚姻的未來。後來，我們雖然曾經嘗試復合，無奈破鏡難圓，沒多久我就決定忍痛畫上句點。當時的我無明無知，那一段頹廢荒唐的沉淪歲月，只會日日買醉不斷地傷害自己。

這一段看起來難堪的往事，卻是促使她往內尋找生命答案的推手。經過多次的療癒之後，她終於放掉了內心的傷痛，得以重新建立新的家庭。多年的靈修讓她明白，這一段看似痛苦的婚姻其實是來自她靈魂深處的選擇，為的是去經驗她對父愛的投射。先生的背叛也只是生命裡的一段戲碼，讓她了悟唯有「真愛」才能換來對等的「真情」。

如今她已經完全放下怨懟，並且能夠在覺知當中誠心地祝福當年的第三者。

謹慎看待婆媳關係之間的距離

時代不停變遷，現下的社會形態已經和三、四十年前迥然不同，雙薪家庭成了主流，這意謂著平權的觀念，已經漸漸取代早年由男性主控家計的兩性互動。

有人形容現在四十到六十歲的這一群人是「憂傷中年」，因為他們大都面臨年邁的父母以及未成年的孩子，經濟、撫養、照護、教育等等責任過重，進而演變成生活問題，常常令這群人心力交瘁。然而辛苦的不僅僅是生活上的問題，還有更讓他們頭痛的觀念問題。尤其是現代女性要在東方傳統思想裡無怨無悔地去接受三代同堂的婆媳關係，絕對是很大的挑戰。

有的人因為個性上的某些特質，可以輕鬆地與公婆同屋共處，得享天倫。但是每一個人的個性不同，面對的狀況也不同，如果在共處的模式裡卻不斷產生磨擦，難以平衡，那麼或許保持適當的距離，才能面對千古以來難以消融的婆媳問題。

讓我們來看看書穎的故事。

書穎在一家知名的金融公司擔任行政部門主管，哲文則是科技公司的資訊部門經理，兩人各自在工作上都有傑出的表現。他們育有一雙可愛的兒女，雖然生活非常忙碌，但是兩人總會安排在假日闔家出遊，也常帶著孩子一起回婆家或娘家探望父母。

他們原本是單純和樂的小家庭，直到幾年前，哲文以父母年事已高、病痛不斷為由，要接二老過來同住，以便就近照顧。其實，書穎心裡清楚，忙碌於工作和教養孩子，已經很疲累，自己很難勝任傳統家庭的媳婦角色。原本分住兩地，每週小聚，大家客客氣氣，尚稱和樂，一旦同住一個屋簷底下，必定會有許多考驗。

由於哲文對父母的牽掛與孝心，接二老過來同住也算是合理的要求，所以當時她的心裡雖然覺得為難，卻也敵不過先生的強力說服，終究沒有足夠的勇氣去說「不」，於是讓步不再堅持。

初時，公婆感激他們能讓二老過來同享天倫，因而客氣有加；再者又有外傭幫忙家務炊煮，書穎也毋須太過費力，所以婆媳關係還算融洽。但是時日一久，老人家有他們生活習慣上的堅持，便以不適應也不需要為由，辭退了外傭。由於價值觀不同，生活習慣差異又大，婆媳之間的磨擦愈來愈多。

尤其每逢年節，書穎就會罹患「過年症候群」。要張羅全家的除夕圍爐已經夠費神費力，還得忍受作客的妯娌挑剔菜色不如她們的意。每當兄姊說要來訪，公公就要他們待在家中等候，讓他們幾乎沒有辦法安排假日活動。

婆婆對哲文這個么兒疼愛有加，從小便以伺候他為樂，從來不要求他做任何家事。她要求媳婦也要如是照辦，但這完全打亂了小倆口早已協議的家事分工。一段時日下來，弄得書穎在公務和家務兩頭燒，精神和體力不堪負荷。

哲文安排三代同堂，原本是想讓二老享受含飴弄孫的樂趣，但是年幼的小女兒偶爾會無心頂撞老人家，惹來婆婆生氣的抱怨。看著盛怒的婆婆，早已身心疲憊的書穎真的不知道要如何來平息老人家的怒氣。

大大小小的磨擦，讓她飽受挫敗的煎熬，她心裡漸漸覺得自己在這個家裡似乎已經沒有容身之地。尤其，當她因委屈而向先生訴苦時，他不僅無法做好婆媳之間的溝通橋樑，還吝於安撫她起伏不平的心情。

其實訴苦的當下，書穎只是想要得到一些些溫暖的關懷，但是理性的哲文卻無法瞭解這些感性的需求。每當他搞不定兩個摯愛女人之間的糾紛時，就會擺出一張撲克臉。這對書穎來說簡直是無法忍受的情緒霸凌，哲文的態度無疑讓婆媳問題雪上加霜，也連帶成了他們婚姻關係裡的致命傷。

眼見原本溫馨的家，漸漸變成了她想逃避的牢籠，書穎內心矛盾極了。面對這樣難解的婆媳問題，她有一種窒息的感覺。她告訴自己，如果硬要把不同價值觀的人綁架在同一個屋簷之下，很難從剪不斷、理還亂的糾葛裡解脫。

經過幾次婚姻諮詢，書穎得到哲文的同意，暫時搬出去一個人住，先給自己一個喘息的空間。獨居期間，書穎除了工作之外，她還積極參加療癒和成長課程，漸漸找回了身心的平衡。她搬離之後，哲文變成單獨與父母共處，這才體會到這些年來書穎的難為與苦楚。

哲文試著開始與父母溝通，兩代之間終於達成共識。他們小家庭搬到原住處附近的一間公寓，因為距離不遠，所以還是可以就近照顧父母，但卻可以避免同一個屋簷下的兩代衝突，也因而終於恢復了往昔溫馨和樂的家庭生活。

我很佩服書穎的果斷與勇氣，因為大部分的媳婦都會選擇忍耐或忽略自己的感受，很多人因為長期的情緒壓抑，結果引來乳癌、子宮頸癌等等與女性相關的各種癌症。

其實，拉開關係之間的距離，並不意謂著逃離，而是為了要找到其中的平衡點，藉此讓關係更為圓滿。

帶著覺知看人生大戲

《金剛經》有這麼一段偈語：

一切有為法，如夢幻泡影，如露亦如電，應作如是觀。

我所經歷的家庭關係正像此偈所言，也如夢幻一場，讓我如實體驗了「人生是戲」，也學會了如何「出入自在」。

我的婆婆是一位溫柔的母親，雖然如此，我卻一直感受不到她的溫情，我們的互動只能用相敬如賓來形容。而最讓我困擾的，竟是兩個女人搶廚房的戲碼。站在我是媳婦的角色以及安全的考量，我覺得不應該再讓年近九旬的婆婆執掌廚事，但是她總是時不時便插手干預，讓我覺得不受尊重與信任，這常引起我的不悅和抱怨。

後來經過了幾年的沉潛與學習，我才慢慢瞭解，原來所有的戲碼都是為了要解除我的制約。婆婆的所有行為都忠實反映出她內在的恐懼，恐懼自己失去了他人眼中的價值，所以她一直不敢放手，希望透過掌控來維持自己的價值感。她最愛上演的就是搶廚房的戲碼，因為那是她僅有的戰場，對她而言，失去戰場等於失去了生命的重要性與意義。當我有了覺知，唯一能做的就是接納她的狀態，並且尊重她的選擇。

有一次婆婆在家摔了一大跤，我們緊急叫來救護車送醫急診。我一路陪伴著婆婆，不斷地安慰她自責的情緒。經過醫生初步檢查後，判定婆婆是大腿骨折，需要立即開刀，我和J則忙著打理住院事宜。

這一次的意外事件拉近了婆婆和我的距離。因著覺知的能量，翌日清晨，我在靜心時強烈地感受到婆婆神性上對我的愛。當時那樣的愛像光一樣籠罩著我，腦海裡隨即浮現了婆婆被抬上擔架時臉上因痛苦而扭曲的表情，當下我心疼不已，淚水汩汩而流……

經驗過這樣靈性上的洗滌，我心甘情願又再度執掌廚事，年逾九十高齡的公公則挨在我身邊高興地當著二廚。他一邊幫忙刷鍋洗碗，一邊叮嚀我別做得太累；他還說我的手是要畫畫的，叫我不要把手泡在水裡太久，由他來洗就好。

以前的我覺得公公是一位專斷固執、脾氣暴躁、很難溝通的人。尤其是當我看到他斥喝著柔弱的婆婆時，我的心中總是會不自覺地生起一股無明火，很想同他據理力爭，吵個天翻地覆。還好當時有個好脾氣的大姑從中協調，才不至引發更大的衝突。如今帶著覺知看待人生、回望過去，發現自己已成長了許多。

公公貼心關懷，我懂得這是老人家的心疼，這樣被疼惜的感覺溫暖著我的心，所以我也快樂得像老萊子一樣在二老面前嘻嘻哈哈、胡說八道，逗得他們開懷大笑。我喜歡摟著婆婆輕聲與她閒聊，也會攬著公公向他撒嬌，這樣溫馨的互動令我眷戀不已。

二老不願意僱用看護，為此J成天擔心著，他說：「我總是提心吊膽，害怕隨時會出事，也無心工作。」他不能說服父親聽從他的安排，於是在心裡產生了許多負面情緒。我看得很清楚，這是他自己對於恐懼無明的投射，於是不斷說明開導。但是這個比公公還固執的傢伙卻不領情，一味地抱怨沒人可以分擔他的壓力，他自己無法宣洩的情緒，全部化為陰鬱的臉色。

看他這樣受苦，我多次耐心陪伴勸說，他卻仍是任性執拗地將自己禁錮在受害者的牢籠裡，不願敞開封閉的心。慢慢地，我的耐心被消磨殆盡，終於壓抑不住怒火，發飆大罵，痛快地幫他宣洩憋在心裡的悶氣。

我任由河東獅吼般的憤怒情緒自然流動，完全不壓抑。不消多久，怒氣平息了，但是在我的心裡卻開始產生心酸的感覺。這感覺愈來愈強烈，胸口緊緊悶住，我一閉目進入內心，隨即感受到極大的痛苦，這樣的痛苦無以名狀，卻如熊熊烈火一般猛然襲來，我當下嚎啕大哭，淚水如潰堤般奔流……

這些突如其來的覺受讓我很傻眼，只能在心裡禱告，請求神讓我明白原因：「我，我，我，有什麼要釋放療癒的嗎？」

「這是妳對眾生之苦的體驗，是一份慈悲與愛。」

哇！這個來自更高智慧的訊息又讓我哭得更悽慘，怎麼這麼地痛呀！「神啊，我很無助吶！請求您帶引我吧！」我是真的無助得不知所措啊！

當我發出求助的意念之後，原本控制不住的哭泣漸漸停歇，心緒慢慢平靜下來。然後我開始明白，原來這是我自動進入了「自他交換法」，去經歷了J悶在心中的痛苦。而這痛苦正是眾生之苦，愛別離、怨憎會、求不得，是自無始劫以來生生世世輪迴之苦。而我也是眾生，我們是一體的，是合一的，是無法分割的整體。

接下來，更多的智慧與訊息湧入，神說：「沒有受苦的人。」

我對公婆的愛所產生的眷戀是「幻相」，這些眾生的苦也是「幻相」。啊！我突然頓悟，這不正是《金剛經》的教導？過去讀經典時似懂非懂，即便「懂」，也不過只是頭腦的理解，如今透過生活中親身的體驗，我一點一滴地從心裡去明白。

這個教導的真諦是：

外境引來的痛苦與快樂都是短暫的幻相，只有無常才是生命的本質。

地球是一個大教室，我們來這裡是為了學習與玩樂，不要讓自己執著於好與壞、對與錯、是與非，而是要帶著覺知藉假修真，從生活當中的點點滴滴去體悟教導。對於生命當中的所有情緒，無論是喜、怒、哀、樂、憂、恐、思，當下發生的一切都要勇敢地去面對、經歷、接納，而後臣服。

只要放輕鬆，隨順著真我的能量，不管是恐懼或憤怒都不要抗拒或壓抑，然後時時保持覺知，那麼所有的愛恨苦嗔都將如浮雲，會來也會走，如此一來就能做到不再「心隨境轉」，自然遠離受苦的牢籠。

我從這些因果關係的角色扮演，以及發生的事件當中深深體會到，原來世間事猶如一齣齣精彩的戲碼，而當落幕時「一切如夢幻泡影」！

PART 3

在生活當中
體驗喜悅與幸福

我們總是認為幸福就是那些最光耀、最開心的時候，然而，生命的旅程當中，重要的是過程，而不是結果。

我曾經是一位商場界的女強人，出入名車代步、一身珠寶華服。當我憑著自己的形象與專業能力，簽下一張又一張的合同、賺進一筆又一筆的財富時，那種驕傲與得意，讓我認為這才叫幸福。

當我的瓷畫生涯穩定成長，知名度愈來愈高之後，各地的邀展接踵而來。畫展開幕時，座上嘉賓不乏政商名流，朱立倫市長、柯文哲市長都曾由我導覽介紹瓷畫的特色，同時也贏得許多知名人士和愛畫者的讚賞、諸多媒體的報導。在那一些光榮的時刻，聚集了許多豔羨的目光，讓我認為這才叫幸福。

然而，那些屬於尖峰似的幸福，其實就如同夜空裡的煙花，狀似極度燦爛美麗，卻很容易一閃即逝。我們要培養的是選擇喜悅與幸福的能力，從日常生活當中就能處處感受、時時體驗，如此內在的幸福感就永遠不會消失。當我們自己看得見幸福，自然也就能引領身邊的人看見幸福，創造出家庭和環境的喜悅幸福氛圍。

在這個章節裡，我要和大家分享的都是些極為平凡的生活瑣事，只有以內在的喜悅幸福之眼細細地品味生活，方能讓自己安住於當下，享受生命的芬芳。

下廚的樂趣

煮一碗飯、炒一盤菜、燉一鍋湯，對此，有的人從容自在，有的人卻如臨大敵——你是屬於哪一種呢？

現代人往往身兼數職，平日勞累操煩的事極多，很難享受單純的烹飪樂趣。過於忙碌使我們容易失去了覺察，動不動就會覺得自己好辛苦、好委屈，感覺沒有人能體諒或分擔生活裡沉重的負荷。於是讓自己漸漸墜入受害者的牢籠，深深陷入負面的情緒當中而不自覺，甚至把罪魁的矛頭指向了他人。

身為巨蟹座，基本上我是喜歡烹飪的，然而我自己在穿越靈魂暗夜的過程當中，也曾經怨嘆炊煮的辛苦，好一陣子封閉了炊事。究其原因，其實正來自於舊有的討愛習性。當時我為了追求完美，期望自己稱職地扮演妻子、媳婦、母親等等角色，常常不自量力而搞得精疲力盡。結果，我總會在不堪負荷的情況之下，為了繁瑣的家事而不耐或暴怒。

當時沒有覺知的我也常會責怪J，說他已經是一個年過半百的人了，為什麼連下個麵條都不會？身體疲累情緒失控時，我就會遷怒於他：「都是因為你不會作菜，所以我才需要這麼辛苦！」

那個時候我在意的是自己的感覺，看到的只有他的不足之處。我並沒有能力想到或感恩他一直盡力在分擔著洗碗、拖地、照顧女兒等等家事。這樣的吵鬧爭執，讓我不斷掉入厭惡廚事的負面情緒當中。所以有一段時日，我尊重自己「自私」的人性，當一個落跑廚娘。

其實，任何外在的事件本身都是中性，沒有對錯是非，引動情緒的是我們內在僵化的信念或者需要被療癒的舊有傷痛。

因為內心的匱乏，才會不停地想要從別人身上討愛，期待得到讚美。看清楚這些真相之後，我明白以前我作菜重視的是家人的讚美，希望博得的是「賢慧」之名，想要符合完美的形象，所以才會這樣拚了命去努力。像這樣把期待放在別人身上，不僅辛苦了自己，一旦沒有即時得到的肯定，也會遷怒他人，造成許多無謂的煩惱。

經過多年的學習，我漸漸看清楚自己渴望得到愛的習性。透過接納自己的不完美，也不再無明地投射自己對別人的期待，我這才開始帶著覺知生活，也重新去體驗作菜的樂趣。

平時除了享受超市的便利性，我也喜歡到傳統市場去買些比較新鮮的海鮮類食品。其實，對我來說逛市場是一件很有趣的事。我喜歡看著這些滿腹熱忱的販賣者，在邊買邊聊當中，心裡著實佩服著他們殷實辛勤為生活打拚的生命態度。和他們說說笑笑之間，增添了許多採買的樂趣。

回到家裡，開始洗菜、切菜，我常常會在這個過程裡，看到一個神經緊繃、做事很性急的自己。以前我常常會在同一個水槽裡，一邊洗菜、一邊裝過濾水。每當洗菜的生水濺入裝著飲用水的水壺裡時，我就會懊惱自己的性急。

作菜時也有同樣的狀況，我總是兩邊爐火全開，炒了這鍋又煮那鍋。忙碌地在爐火之間交戰，有時候難免顧此失彼，常常搞得心情很緊張，焦亂不已。這樣匆忙地急於表現效率，又怎麼可能享受烹飪過程的樂趣呢？

現在的我已經帶著覺知，所以能夠很快就明白，這是以前在職場上打拚時養成的習性。當時為了培養效能，我可以一心多用，做事既快速又精準。因為這樣的訓練，我成為了職場上稱職的主管，也能有效率地帶領團隊達成工作目標。在職場上那是正面的，但是如果這些習性被帶到生活裡來，平時沒有覺察就會產生很多消化不了的壓力。壓力大到受不了就會開始責怪別人，感覺自己是一個無辜的受害者。

仔細想一想，從來沒有任何人強迫我一定要每天拚命地煮飯、做家事。

過不去的，往往是自己的心情。

其實炊事可繁可簡，事情絕對是可以協調的，外食也是可行的選擇啊！

烹飪和繪畫一樣，只有在平緩的心情之下，才能享受過程。無論是切、洗、炒、煮、調味料的運用、火候的控制等等，都有不同的竅門和創意。如果心情處在著急、緊繃的狀態，下廚這件事就會變成壓力，過不了多久就很容易情緒失控。

現在只要我的急性子來襲，一有覺察我就深呼吸，專注在當下，這樣就能適時放輕鬆。我也慢慢體悟到，正是因為J不諳炊事，所以他對於我煮的菜色，從來不挑剔，總是以「把菜吃光光」的方式來熱情回應。他常常告訴女兒，「媽媽餐廳」永遠都美味可口又吃不膩。這樣的讚賞與鼓勵，方才成就我能煮得一手連自己都喜愛的菜色，這樣的互補正是最佳拍檔的組合。

當然，已然帶著覺知，我不會再透支體力、操勞自己。即使要在家用餐，我也會想方法調整炊煮的方式。譬如，夏日炎炎，廚房沒冷氣，為了不讓自己燥熱到不耐，我就改用蒸食或涼拌，既健康又方便。時間充裕時就多煮，不然就上館子用餐，嘗嘗不同口味的美食也是很好的選擇。

所以我們只要能將心情調整好，一切的事情都能找到適當的解決辦法。即使在平凡的烹飪當中，依然能夠學習調理心性，並且享受樂趣！

在玩樂當中工作

自從中年轉業之後，我以創作和教畫為工作不知不覺已經超過十六年了。創業的過程有苦有樂，有辛酸有甘甜，幾年下來終於明白，不論因外境而產生了什麼情緒，其實都根源於自己的心境。

我自己是半路出家，年少時完全沒有接觸過繪畫，單憑著一廂熱情就一頭栽進瓷繪這條既陌生又冷門的窄路。我特別認真地學習，拚命地嘗試著運用各種畫技，並轉換成現在這種特殊的歐風瓷畫風格。

工作室草創期間我鮮少有休閒，大部分的時間都在為製作教案而努力。那些時日，我一邊埋首創作、編列教案，一邊要進行例常的教學，並且還不斷地去上課學習各種繪畫技巧。

看似充實，當時我卻感覺壓力很大，生怕中年轉業的這條路是個錯誤的選擇。一路走來戰戰兢兢，如履薄冰。我選擇以興趣為工作，而且是在中年時分才轉業，這樣的勇氣，令人好奇和欣羨，當時曾經多次得到媒體報導與電視採訪。但是，我的工作態度其實和過往的職場生涯無異，依然搞得自己忙碌不堪。

教學時同樣是緊繃著神經，生怕教得不夠好，不能得到學員們的認同。這樣的奮戰，長久下來，就算再喜愛的工作也不免疲累。好些年之後，我發現自己竟然也有了職業倦怠。

決定中年轉業之前，我總是一再轉換職場，理由很多：老闆難應付，同事不好相處，客戶太難搞……只要工作的狀態一再讓我難以接受，我的選擇都是離開。那一段時日，每當我厭倦工作的壓力時，我就會盲目地大量購物，藉由「瞎拼」的方式來犒賞自己。等到感受到經濟的危機時，我又會因為「恐懼」而委身於自己並不喜歡的職場。如此長期的惡性循環導致了我的身心疲憊不堪。

但是，這一次我明白，不是外在的工作問題，而是我的心態改變了。那些曾經讓我喜歡的事情，為何到了現在都變了調？帶著覺知去觀察，這回我決定轉心不轉境，重新回來面對內心的感受，找回當年的初衷與熱情。

事實上，經過多年的努力，花之華的教案已經非常豐富，我的工作內容也慢慢地轉為更多元化，旅遊、寫書、演講……本來這些事情都是我所喜歡的，只是一直以來的嚴謹工作態度、要求完美的個性，久而久之便讓我感覺疲憊，因此才磨淡了我的熱情。

決定轉變心境之後，我刻意放慢腳步、放鬆心情，以玩樂的方式看待這些工作。

因著這樣的心境轉變，慢慢地，我在教課時，已經不覺得那是工作，反而像是姊妹們來陪伴我畫畫聊天的聚會。大家會輪流帶來美味的甜點，到了下午茶時間，停下畫筆在課室中四處走走，看看彼此的作品，互相讚美一番。

在這個我刻意經營的溫馨小天地裡，充滿了柔和的正向能量。受了環境的影響，每個人都會自然而然地說些激勵人心的話語，讓人聽了倍感心情大好，難怪姊妹們常說，這是「幸福畫室」，再忙也會惦記著要來畫畫。

好友小媛曾經對我說過，在佛教的理論裡，有一種稱做「無畏施」的布施。她說我在教畫的過程中所說出的鼓勵話語，能夠讓人遠離對於繪畫的擔憂和恐懼，進而穩定心緒，提昇能量。擁有這麼好的機會去分享自己親身走過的經驗，然後鼓勵學員，讓她們從瓷繪的學習當中建立對自己的信心，我非常感謝老天賜予分享的機會，這樣的感覺非常美好。

我同時也學著在工作當中玩樂。只要一得空，我便會帶著姊妹們去看畫展，或是出遊，藉由輕鬆的方式增加和諧的能量和感情。

有一天，我們為了來年的展覽計劃，相約去勘查場地。先看了油畫的展覽和場地的品質，然後我們到台北東區享受了一頓美味又豐盛的貴婦早午餐。之後我們再一起順道去觀賞名牌瓷器。這些名瓷都是美麗的畫作，尤其是一些名家的瓷版畫，他們的構圖和繪畫技巧，非常值得我們學習參考。

我們邊看邊聊，此間增添了許多繪畫的靈感。除此之外，當天我們還意外地找到了可以為我們的瓷畫量身定做的包裝盒，解決了多時的困擾，想來亦是幸運。

看完展覽，我們相偕來到一間露天咖啡館，選了戶外花樹環繞的位置，不遠處還有一池碧綠湖水，鷺鷥點綴起落。我們各自點了一杯花茶，並且一起共享一大桶冰淇淋。簡單的物質，就足以讓我們沉醉其間，感受滿滿的幸福。一路下來，既是開心的學習兼享樂，又能完成許多工作，邊玩邊做，樂趣無窮。

不同的畫作對於瓷畫創作都有一定程度的啟發，所以我們也會相邀看展。

曾經有一回，我們便趁著秋高氣爽，在風和日麗的日子裡，一起到國父紀念館觀賞畫展。從國畫、佛畫、油畫等各種不同的素材和表現方式當中，很能夠激盪出瓷畫的創作靈感。繪畫的領域相當廣泛，一個人不可能同時涉獵多樣，除了深受印象畫派的影響之外，我對於其他繪畫都是博而不精。這時其他姊妹就會發揮所長，不藏私地分享彼此所學，從中互相學習成長。

以歡喜心面對工作，由內而外便覺豐盈美好。我從自身的體驗當中明白，或許我們無法立即改變外在的情況，但是在舊有的環境裡，我們可以主動地加入一些快樂因子來提昇能量。離不開辦公室的人可以在桌前擺一些具有療癒作用的小盆栽，或是自己喜歡的小飾物，一得空就能欣賞、把玩，藉此稍微放鬆心情。

除此之外，可以透過短時間的靜心，清理情緒困擾或舒緩工作疲勞。最重要的是抱持著如是心態：外境永遠是內在心境的顯化。

唯有透過不斷學習，藉由意識與能量的提昇，才能更有耐心、更有效率地面對工作上的辛勞與壓力。意識頻率提高了，甚至能心想事成，進一步改變外境，或許還能夠幫助自己得到更好的工作機會呢！

讓孩子自己成長

親子之間的愛自然天成，真摯而動人。然而，有時候愛也會變得沉重，壓得人喘不過來。

很多父母親對於孩子的期待或付出，往往是一種心理投射，以愛為名，事實上則是企圖彌補自己童年時無法享有或得到的遺憾。

大女兒小的時候，我便是投射了自己童年時物質上的匱乏，於是為她買了許多華貴漂亮的衣服，還有滿櫃子的芭比娃娃。很久以後，我才知道，原來我所給的全部都不是她想要的，那只是我自己無意識的投射而已。

到了養育小女兒時，我已經走入心靈的探索，相較於前，比較可以輕鬆地做一個快樂無求的母親。然而，這一回上戲的是寵愛她的爸爸。

小女兒六歲時，爸爸一心想要為寶貝公主培養音樂素養。為了誘發孩子的學習興趣，他自己先到音樂教室上了半年的鋼琴課。接著他也幫女兒報名，父女倆就開開心心地一起去上課。

但是，學琴首重練習，下了課回家後才是彼此痛苦折磨的開始。我眼見著平時寵縱嬌女，待之彷如前世情人一般的老爸，一再為了女兒不肯練習而嘔氣吵架。他們父女倆常常為了練琴之事搞得僵持不下，氣氛很差。這難看又無聊的戲碼天天在家裡上演。終於有一天，我看不下去了，忍不住喊「卡」，強迫他們停演，鋼琴課也就因此停上了。

女兒上了小學之後，學校的管弦樂團非常有名，常常比賽得獎，學生的素質也很令人稱讚。我們觀賞了六年級的畢業表演之後，爸爸又幫女兒報名了小提琴課，也為個頭還小的她選了一把迷你可愛的小尺寸琴，同時聘請了昂貴的家教。此時，爸爸的音樂夢算是萬事俱備，只欠東風了。

可惜的是，東風偏偏就是不來。

他的寶貝公主回家後依然不肯練習，為免父女一再反目傷了親情，我柔和勸說，能聽得了勸的當然只有無奈又洩氣的大人嘍！從此，那把漂亮得令我欣羨的小提琴就只能束之高閣，不見天日了。

我從旁觀察，發現女兒雖然個性溫和，看似沒有強烈的主見，你說什麼她都好，但是每當下課回到家裡，她就只想做她喜歡的事。女兒與我一模一樣，從小就是一個書蟲，每當一頭栽入書海裡，她就會完全忘我，變得六親不認。上完學回到家，她寧可看書不願練琴。強逼她練習的後果，就會惹得大人小孩都不高興——若只為了滿足大人的期望而造成這樣的家庭氣氛，真的很不值得。

經過思考與商量，我提議讓她去學踢踏舞，爸爸同時也支持她參加合唱團。這回女兒竟然真的學了下來，原因無他，就是這些活動通通不需要回家練習，只要上課勤勞些自然就跟得上進度。幾年下來，她玩得開心，也多次出團表演或比賽，累積了豐富的上台經驗。

瞭解女兒的特質之後，我進一步又鼓勵她學手作工藝、烹飪烘焙。只要有伴一起玩，而且不強迫她回來要練習的，她都很願意嘗試。

有一回，我們母女倆一起參加學校舉辦的烘焙課，學習作好吃的手工餅乾。下課後回到家裡，我們和爺爺、奶奶一起分享，同時也邀爸爸一起來揉麵團、捏餅乾。從「教爸爸作餅乾」的過程當中，女兒得到了成就感，也就更願意投入學習了。

有一年放暑假時，我讓她去體驗多種女紅，有串珠類的項鍊、手鍊、耳環，編織類的圍巾頭飾，還有縫紉類的小包包等等。老師和我們都誇讚她雙手靈巧，那些實用的作品，爸爸和我都會帶著出去炫耀，讓她得到許多成就感。

這樣的鼓勵，就像是播下了苗種，孩子到了國中，竟然自己就選了家政的社團，繼續玩她喜歡的興趣。

我自己從小到大一直是在強迫式教育當中成長。身為母親，學校的教育我沒有辦法選擇，但是在家庭教育方面，我便以身作則快樂地活出自己，讓她有一個可以學習的榜樣。我和爸爸經過協議決定讓她適性發展，不再以我們的喜好或標準，甚至是世俗價值觀上的需求為考量。

身為父母，我們只是從旁支持鼓勵，讓她更有恆心與毅力，在熱情當中，培養自己的一技之長。

樹爸爸的愛

過了中秋，太陽收斂起赤燄張狂的暑氣，天氣漸漸轉涼了。在這個風和日麗的秋季，我想念著欒樹紅豔的英姿。

一日無事，就到台大校園逛逛——我好喜歡校園裡夾道的參天大樹。進入校園後，我刻意走到以前練自發功上戶外課時總會來的大草原，因為我心裡很想念那棵神奇的樹爸爸。當時那些練功的記憶很美好，在這陽光澄淨、秋意微涼的好天氣，我一心想著獨自來此一遊。

練功時有一次很殊勝的體驗。有一回練自發功的過程裡，老師教我們讓能量帶引著自行奔跑、滾動、打拳或靜心。剛開始我一如往常跑跳、舞動，一段時間過後，我就被一棵壯碩的大樹所吸引，自動前去抱住樹幹。當身體一貼近樹身，我立即感應到能量的交流，接著淚水就不由自主地汩汩而下……心中流淌而過的是一陣又一陣的暖流，我憶起了這些感覺——那竟然就是「父愛」！

從小，我就失去父親，對於父愛總有無法言喻的渴慕之情。因之，我在年少時，很難抗拒「戀父情結」似的戀情。當時在戀愛中一再投射了對父愛的渴求，這樣扭曲的戀情當然得不到好的回應，總是傷人傷己，最後搞得不歡而散。

如果沒有回到自身，重新清理這些先天上因為缺乏愛而吸引別人來彌補的匱乏，那麼我們此生就會不斷地對外討愛，導致在愛情的苦海裡不停地輪迴受苦。

一個不能在內心自我充盈的人，是無法真正去愛人的。

我在進入身心靈的領域之後，才漸漸瞭解自己，一再地在神性帶引中經歷過多次療癒，最後終能解脫這樣的投射。

那幾次的戶外練功，樹爸爸一再吸引著我前去，每次都是一樣的感覺，溫暖有力且充滿了愛的感受。我在那樣的恩典當中領悟到，「父愛」並不是只有透過特定的對象或形式，而是一股來自宇宙的大愛！這樣的愛，豐沛而無所不在！

彰顯宇宙大愛的方式很多，只要用「心」感覺，隨處可得。譬如，練功時我也會自動趴在草坪上，嗅聞著泥草的芬芳，湧入體內的是一波又一波的大地母親的愛，這樣的感覺很像在享用心靈盛宴，心中總是充塞著滿滿的喜悅與幸福。

當時我們每回練功都在夜間，大草坪上烏漆麻黑一片，完全任由能量帶領。現在白天來到同樣的地點，景致全然不同，四周全是蒼翠蓊鬱的綠樹，我一時之間搞不清楚眾多樹木當中哪一棵才是我的樹爸爸？

此時，我只得站在草坪正中央，然後閉上眼，發出意念，再次任由能量帶引。很快地，我就又自行跑到樹爸爸面前，親密地擁抱，溫暖如昔。我貼著樹幹席地盤坐，閉上眼進入靜心狀態。

周遭鳥鳴啁啾，樹梢葉子沙沙作響，溫柔的微風輕輕地吹拂臉龐。我緩慢地吐納，在一呼一吸之間，一種無法言喻的幸福感油然而生，我沉醉在安靜而美好的寧謐當中，整個人彷彿都溶化了……

靜心完畢，我起身往回家的路上走，一路上我追隨林立的大樹隨性地漫步。途經鹿鳴廣場的時候，心裡一陣驚喜，原來我繫念的欒樹正在這兒展現英姿呢！一整排翠綠的欒樹都在樹梢開滿了花，不管亮黃或赭紅，每一棵樹都那麼挺拔燦爛地綻放著光彩，那些花兒閃閃發亮，震動出高頻的能量。

我欣喜莫名，一路開懷微笑地哼著歌，心裡恍然明白：原來樹爸爸又送了一份令我驚喜的秋之禮啊！

平淡中遇見幸福

因為喜愛大自然，所以我愛旅遊。即使沒有出國的日子，我也總喜歡親花近樹。近幾年來，我愛上了台大校園。因為離家近，一得空便會來這兒散步、靜心。這個校園腹地不少，又有許多岔出的小路，每每見到學子們騎著單車輕巧地穿梭在這些巷弄之間，我的眼睛就會不由自主地流露出羨慕的眼光。

某個假日，我們決定帶著女兒來個U-Bike校園探險之旅。

順利地租了車，我們先在鹿鳴廣場的大樹下喝咖啡、用早餐。身體準備好了之後，便開始了我們的騎車之旅。騎上車，我們在大路小巷裡到處探險，尋覓驚喜。校園裡的樹木花草極多，在朗朗晴空、秋風爽颯的天氣裡，像這樣迎風飛揚、騎車逛校園，真是一大享受啊！

我們在生態小池塘前停留，觀看爬上石頭曬太陽的慵懶烏龜。烏龜們一隻挨著一隻，大概是因為陽光大好，個個爭相上來，有些石頭上的烏龜們竟然像疊羅漢一般堆擠著，這景象有趣極了。魚兒、鴛鴦和水鴨也都是這裡的住客，小小一方池塘，卻熱鬧得很，在假日裡，常常引來許多大人小孩駐留觀賞。

我們隨興地騎著車四處逛，無意之間竟然來到了久違的鏡月湖。這是一個開敞的大湖，黑、白天鵝悠遊其間，還有鷺鷥優雅地飛翔。有一隻黑天鵝不知為何離開湖面，晃到了路中央，一推好奇的人們一邊讓路，一邊忍不住拿出相機拍下天鵝的英姿。

女兒從沒這麼近距離看過黑天鵝，所以也好奇地跟著湊熱鬧。或許是因為她穿著紅色的衣服，竟惹得黑天鵝追著她跑，小妮子既緊張又興奮地和牠玩起追逐的遊戲呢！

中午時分，我們就在湖畔的露天咖啡屋用餐。一家人坐在樹下，陽光從樹梢葉縫間灑落下來，秋陽無力，微風不寒，正是野餐的好時節。遙看湖心，湖中央有美麗的涼亭，四周都是蒼翠的綠樹和依依的垂柳，真是一幅美景。我們的餐點很簡便，心靈卻豐富而滿足。

到了下午，我們騎回生命科學館，館前那棵斜躺的老樹已然成了孩子們遊戲的天堂。女兒也跟著其他孩子一起爬樹玩耍，我們則在一旁剝著柚子，享受水果下午茶。

接著我們又來到大草原，此時已經接近傍晚時分，許多人紛紛帶狗出來散步。愛狗的女兒，也到處和狗兒們奔跑嬉戲。我忍不住脫了鞋襪，斜躺在樹下的草地上，輕鬆地閉上雙眼，耳畔有孩子的嬉笑、鳥鳴……這樣的時刻，心裡浮現的便是「歲月靜好」。

這一天的假日，平淡無奇，卻相當輕鬆愉悅，因著這樣單純的美好，我於是明白：

享受「幸福」是一種能力，

心中擁有幸福，

便能輕易創造生活中與之相呼應的美好。

克服恐懼，享受生命

夏末秋初，涼風習習，此時此刻最適合戶外活動了！

這一天，我和姊妹們相約到台大校園的大草原練氣功。練了動功、跳了舞，我自動調整姿態，閉上雙眼，在樹下盤腿靜心。

當我從靜心當中回過神來，緩緩地張開眼睛時，赫然看到眼前有一條不算小的蟒蛇！哇哇！那一剎那，我因驚嚇而完全呆住了！我生平最怕的動物就是蛇啊！怎麼辦？怎麼辦？那一刻，我的心裡真的好想逃啊！

我小時候住在鄉下，端午節阿嬤總要包粽子，我們得事先到林子裡去採摘竹葉。有一次，從竹梢上掉下來一條青竹絲，我當時即被嚇得魂飛魄散，倉皇地逃回家。還記得，當時到了家仍是驚魂未定，心臟噗通噗通地跳著。從此，每當經過竹林，這個殘留的記憶都會提醒我要特別小心。長久以來，即便是關在動物園裡的蛇，我也總是敬而遠之，絕對不多看一眼。

然而，仔細想來，我從來沒被蛇咬過呀！那麼，我到底怕的是什麼呢？

我很快地帶著覺知去察覺自己內心的恐懼，同時觀察周遭的一切。

經過確認，原來是一位台大的男同學帶著他的小蟒蛇「阿貴」出來蹓躂。我問清楚了這蛇沒有毒，而且不會咬人，於是我決定試著藉這個機會挑戰自己的恐懼。

我先輕聲溫和地與牠說話，心裡頭一邊是舊有習性的恐懼，一邊帶著覺知散發出愛的頻率。我細細地觀察小蟒蛇的鱗片，在陽光的照射之下，有些金黃色的圖紋閃閃發光，仔細再看，我發現其實牠是一條很漂亮的蛇呢！

我嘗試伸出手，慢慢地去觸摸牠，一邊溫柔地喚著牠的名字：「阿貴，你好乖，好漂亮喔！」一邊以顫抖的手指輕輕觸摸牠的身體。說實話，剛開始我真的很害怕，但是害怕沒有阻止我行動，帶著覺知的我慢慢與恐懼拉開了距離。

心情放鬆了，我開始用心去感覺。咦？不是都說蛇是冷血動物嗎？牠的身體並不是冰涼的啊！男孩解釋說，其實牠們是恆溫動物，和秋天的溫度差不多，所以身體並不會冰冰的。

說著、摸著、聊著，我也學到了一些關於蛇的種類和相關知識。經過瞭解與親自碰觸，我心中的恐懼慢慢消退，很快地，我已經可以自在地和牠一起玩了。牠有時候自個兒四處去摸索探險，聽著我的叫喚又會爬回到我身邊，真的像寵物呢！

到了這會兒，我的心裡開始感覺雀躍不已，因為對於我來說這可是好大的突破呀！過了沒多久，原本在遠處練功的姊妹們也回來了。美芳看我玩得開心，有點兒羨慕，也有點兒害怕。經過我的鼓勵，她也伸出了顫抖的手指去摸阿貴，慢慢也克服了恐懼。芳伶則像小孩一樣，一點兒都不怕，逗逗弄弄還不過癮，竟然把阿貴抱起來環繞在脖子上玩呢！

回想起這一段有趣的過程，我明白原來我們深藏在心中的恐懼，常常是莫名無來由的。或許是來自別人的教導，或許曾有過受傷的經驗，但是只要我們願意帶著覺知，面對舊有習性，重新再創造新的記憶，那麼我們就能穿越，就能提昇。

我相信，即使我還沒能愛上爬蟲類動物，但是從此我不會再像過去一樣這麼容易就花容失色、驚嚇不已了。

在孩子的身上，我們很容易就能體察到「無懼」的力量。我在女兒身上察覺到，孩子原本是純真的，沒有什麼恐懼。有一回我們陪女兒戶外教學，那一次我也穿越了對毛毛蟲的恐懼。當時女兒告訴過我，她一點兒也不怕毛毛蟲或蛇什麼的，她可以像芳伶一樣與這些動物們自在同處，甚至是拿著牠們玩呢！

我回憶起小時候住在鄉下的日子，房屋四周全是田園，那時候和大自然很親近，吃蜂蛹、抓泥鰍都是家常便飯之事。長大了反而制約較多，想來是內在的恐懼日增，也會影響對外在事物的排拒，因而少了許多樂趣。

經歷過這次親近「阿貴」的體驗，我決定要有所改變。

我深信，對於外在事物的恐懼，盡量去正面以對，便能藉此進一步看清自己的內在狀態，也更能輕鬆自在地享受生命。

風和日麗、颳風下雨，都美

明池山莊是一個四季皆美的休閒度假好所在，置身其中總會讓人流連忘返，而且去過還想再去！

第一次造訪明池是家庭旅遊，當時正值寒冷的隆冬之際。那時候即聽聞明池最美的季節是秋季，所以後來我選擇在深秋時節，帶著工作上的兩位好姊妹同行，跟著旅行團再訪明池山莊。

第一天，出了雪隧我們就知道這回出遊避不開風雨來襲了。從進入宜蘭開始，一路上都在下雨，愈往山上走，雨勢愈大。到了目的地，用過午餐，我們全都穿上雨衣，手裡還得撐著傘，才能跟隨著領隊去走森林區。山路上泥濘路滑，雨裡青苔更是濕滑不已，大家都是小心翼翼，步履維艱。

風雨路滑稍稍影響了遊興，但是我們三人依然堅定保持平和的心境，沒有人抱怨。雖然狼狽地走在山裡，我們卻呼吸到了與晴天完全不同的清冽芬多精，不禁大口大口地吸進肺裡，彷彿在幫身體進行一番大清理。

走過山林，大伙兒一行六、七十人回到明池區。哇！眼前的雨中山景美極了！由於我們站在高處，視野遼闊，一眼望出，四面環繞的青青山脈，全都籠上煙霧裊裊的山嵐。飄渺的煙嵐，層層疊疊，濃淡相間，真像潑墨山水畫裡的情境，充滿了詩情畫意。

其中最最吸引我目光的還是那一湖清碧的池水，以及湖中央的小島上，那些只在秋季才顯風采的五彩繽紛的樹林。

當時，我貪婪地想要飽覽美景，由於穿著雨衣帶著傘的模樣，實在很難盡興，我們便決定脫團，獨自到遠處的小亭子去躲雨看景。安頓好之後，靜下心來，原本嘰嘰喳喳聊著天的三個人，突然之間靜默了下來。我們全都被眼前的景色迷住而無語……一切的美，盡在不言中……

亭外雨絲飄灑著，遠山因嵐霧而蒼茫，近樹卻因為雨水的洗滌而更顯清新翠綠。樹木依種類不同，在這秋的季節裡，展現層次不一的色澤。它們有紅、有綠、有黃、有赭……大自然是絕佳的調色大師，將各種樹木披上屬於它們的秋衣，在微雨裡，樹葉映照水光閃耀著，好美！好美！

微風輕輕掃拂湖面，往外推出一波接連著一波的漣漪……

心，彷彿跟隨著漣漪，掃除了一層又一層的塵埃……

如此寧謐的情境裡，唯一的聲音是亭簷滴落的雨聲，咚——咚——咚——雨滴有聲，卻更顯寧靜。

我們閉上雙眼，只覺得那咚咚雨滴聲，宛如美妙的樂音，聲聲敲在心坎兒裡……這天然的旋律比任何靜心音樂，還要讓人心靜。

有幸如此安靜地觀賞這樣絕美的景致，就是因著我們堅持著無畏風雨。其他的團友，早已紛紛散去，他們都躲回房間避雨了。

整個偌大的明池，全部被我們三個人包場！

第二天風雨停歇，秋陽高照，正是逛明池的最好天氣！晨起用餐後，我們就尋著樂師吹奏薩克斯風的樂音，來到了小亭裡。亭裡除了樂師之外，竟然空無一人。

記得第一次因為家庭旅遊來訪時，這個亭中可是擠滿了餵魚餵鴨的大人小孩呢！後來，我們才明白，原來是因為昨晚的夜雨，水面漲高，如果想要踩水上亭必定會濕了鞋襪。我們三人索性脫了鞋襪上亭，其他遊客卻只願意隔著水，遠遠觀看著。

我們開心得一邊向樂師點歌，一邊悠閒地餵魚，湖面上的食物香味引來了池裡的嬌客，鴛鴦、綠頭鴨、烏龜，著名的黑天鵝「阿鵝」也帶著他的妻子「阿嬌」來搶食。

同遊的芳伶和美芳興奮地餵著、叫著。美芳沒看到昨天遇見的小白鴨，正問道：

「咦？昨天那隻小白鴨呢？」話都還沒說完，這隻聰明的鴨子，竟然早已悄悄上到亭裡，大搖大擺地討食物來了。

她們倆專注地和「食客們」對話，一會兒說說烏龜，一會兒念念霸道的阿鵝，還說要回頭教訓那隻調皮偷吃的小白鴨。這樣的景象，就好像這些食客們全是她們的孩子一般呢！

樂師和我年齡相仿，演奏的全是我耳熟能詳的民歌和西洋歌曲。我忍不住隨著音樂旋律唱著歌、跳起舞，亭子裡一派歡樂的氣氛，我們全都開心極了。

我看到其他遊客由於上亭遇水的阻礙，只能遠遠地對著鵝鴨拍照，心裡覺得有點兒可惜了。一樣的旅程，為何每個人享受到的風光景致不同呢？為何每個人品味到的旅遊情趣有深有淺呢？不就是面對外境的那一念心嗎？

外境無法改變時，便是在考驗我們心境的應變能力。如果決心堅定地守住幸福，那麼我們就會想方設法去克服困難，穿越逆境。

此時此刻，我們都心情愉悅地玩樂著，心中滿懷感恩之情。這趟旅程下來，我們更加相信，想要擁有喜悅與幸福需要敞開的心，需要堅定並且勇敢的行動力！

也無風雨也無晴

每當時序進入了梅雨季，天氣總是不穩定，一天下來常常有好幾陣突如其來的暴雨。風雨常常搞得路人成了慘兮兮的落湯雞，所以每逢這個時節，我們出遊的興致總是缺缺。

一天週日，好不容易稍稍放晴，我們趕緊帶了孩子去郊外走走。我們選擇了碧潭旁的「和美步道」，過了吊橋往左轉，上了階梯就開始了登山步道。拾級而上，沿途碧樹夾道，蔥蘢綠意，女兒一路開心地跑跳，細數著毛毛蟲、蝴蝶、蜻蜓、蝸牛還有一些不知名的小昆蟲。

樹林裡，鳥鳴啁啾，宛轉悅耳，林間木葉濃密，但透過一些枝葉間隙，我們仍能欣賞到碧潭的風光。走著、看著、聊著，有時陽光透過樹梢灑落下來，沒一會兒卻又烏雲滿天。

我們猜想著恐怕又要落雨了，說著說著，一陣勁雨突然兜頭噴灑下來。那時我們正要穿過一戶民宅，所以立刻決定躲至簷下避雨。

站在簷下躲雨時，我們就這麼從容地欣賞著雨景。在這一陣雨中所有的景致霎時變得朦朧，有一種蒼茫的美。

這雨來得急去得也快，雨一變小，我們就撐傘又上路。一路走來忽而雨、忽而陰、忽而陽光，我們也就這樣隨遇而安地漫步。走到渡船頭，正巧船夫見雨停準備要開船，我們順利地上了船，收了傘安坐在小船上。一坐定，便能更細膩地感受風光，此時清風徐徐，潭面寬廣遼闊，碧水清澈沁涼，雨後的空氣清新，好不舒暢。

剛剛經歷過這忽雨忽晴的天氣，蘇軾的〈定風波〉瞬時浮上腦海：

莫聽穿林打葉聲，何妨吟嘯且徐行。
竹杖芒鞋輕勝馬，誰怕？一簑煙雨任平生。
料峭春風吹酒醒，微冷，山頭斜照卻相迎。
回首向來蕭瑟處，歸去，也無風雨也無晴。

可不是？這一路不管外境如何變化，雨來撐傘、雨停續行，我們出遊的好心情全然不受風雨的影響。

以前，每回出遊，我總要祈禱來個好天氣，陽光伴我行，以為這樣才是好運道，希望事事都如我的意。其實，人事無常，外在環境的變化，本來就不是我們能掌控的。有人想要晴，也有人需要雨，從來就沒有絕對的好壞。此刻，我更深刻地體驗到，如果我們能夠穩穩地安住容易躁動的心，那麼不管外境如何變化多端，境隨心轉，無論晴雨都是好天氣。

更何況，陽光從來都在我們的心裡，不曾遠離，無須外求！

乘著小船，我們帶著安然平靜的心情，來到了對岸。眼前成排列隊的小欖仁樹夾道迎人，綠意盎然，搖曳生姿。潭面的這一邊是觀光景點，假日人潮眾多，我們因為走了許久，感覺既乏又渴，於是選了一家很有異國風味的餐廳小憩。

餐廳在戶外，坐在舒適的沙發上，我們放鬆地遠眺湛碧的潭面和翠綠的青山。潭面上有人踩踏天鵝船，還有年輕人練習著划龍舟，眾人妝點著水面，五彩繽紛。人行步道上推著嬰兒車的全家福、騎單車的情侶、溜狗的大人小孩，這些景象好不熱鬧。侍者送來美味飄香的燒烤海鮮和啤酒。我們迫不及待地大口喝下涼飲，冰涼的滋味順著渴極的喉嚨沁入體內，啊！真是過癮！

帶著隨遇而安的心態，我們滿心愉悅地享受著夏日午後的美好時光。

PART 4

豐盛喜悅的靈性之旅

地球如此豐饒美麗，我們透過旅行去到不同的國度，在大山大水的洗禮之下，無形當中，向天地宇宙汲取沛然的日月精華，並以此豐富自己的生命。

生命就該像盛開的花兒

幾年前，我在好友魚兒的邀約之下，再訪加拿大的維多利亞城小住。魚兒和我是心靈摯交，多年前我們就不約而同走入新時代的心靈道途。我們修習同樣的法門，這次的相會便成了心靈交流之旅。

當魚兒來函，邀約我到維城小住時，我就告訴她，我最想去的就是二十多年前曾經去過的布查德花園，那兒的花園設計與來自全世界的花卉品種讓我戀戀難忘。

再訪這座舉世聞名、四季都有百花盛放的花園時，我這才知道自己有多幸運，竟然趕上了玫瑰花綻放得最美的時節！我喜愛各種花兒，尤以玫瑰為最。布查德花園裡，有各種不同風格的庭園設計，其中最引我矚目流連的便是玫瑰花園。

在這座玫瑰花園裡，專家們收集了來自世界各地的不同品種。玫瑰花的顏色豐富多彩，有嫩粉的鵝黃，皎潔的瑩白，瑰麗的豔紅，神祕的燦紫，清柔的淡紅，鮮亮的粉橘……各種顏色交錯種植，大的花兒瓣瓣相疊如牡丹、芍藥一般壯碩豐饒；小的品種密密集集數十朵花兒緊緊相偎，精巧可愛地圍成碩大花團。有的在一朵花裡多色交錯，有的滾邊層層疊疊像極了佛朗明哥舞者的裙擺。

七月的加拿大沒有逼人的暑熱，反倒像我們台灣的五月一般，迎面拂來的是溫馨的和風。所有的花兒熱鬧地在和風裡綻放，競相較色，在陽光的照耀下熠熠生輝。漫步在花園裡，空氣中飄散著淡淡的玫瑰香氛，我們忍不住深深地吸氣，想把這天地精華全都吸收進來。

這樣盛放的花顏，得來不易。由一棵棵小小的種苗開始，經由專家細膩照料，時時精心灌溉，俱足了陽光、空氣、水以及日月的光輝，才得以展現如此極致的風華。盛開的花兒所展現的生命能量真是令人驚心動魄，讚嘆不已！

花兒這樣生長的過程，其實就像我們內在的靈性成長。先是藉由書籍、老師、課程，慢慢地瞭解自己。然後透過療癒、清理，經歷過無數次宛如剝洋蔥般的過程，整理內在的傷痛和黑暗面。經過這樣的淬鍊，才能讓自己綻放如盛開的花，擁有美麗風采。魚兒和我都曾經走過這些歷程，我們彼此心照不宣，同樣感受著這樣的美好。

當時我們置身花海，被百花圍繞。不管是站著、走著、目不轉睛地看著，還是靜下心閉上眼，用心去感受，我都能感覺心輪的能量不斷地擴展。此時全身的細胞悸動著，彷彿是與花兒盛開的飽和能量共振。練氣功之人有「採氣」一說，此時此刻，我就像是化入了宇宙能量的大海，徜徉其間，舒適地被美好的能量包覆著……

我原本就認為，人的一生當如花兒一般，總要盡情的開過一回，方才不枉此生。花園中那樣華美的場景，彷彿是上天透過花兒告訴我，印證生命的展現就當如此毫無保留地盡情綻放，方能展露光明自性與豐盛美好。

湖濱散記

加拿大的緯度較高，夏季時節黑夜來得遲，夕陽總是不捨西下，非要到了晚間九點、十點才姍姍隱退。為了避開難耐的溽暑與過量的曝曬，我們喜歡趁著斜陽到海邊或湖濱散步。

這一天，我們準備了茶點，開車來到了幽靜的湖邊。選了一棵可以遮蔭的大樹，然後我們在柔軟的青草地上鋪上墊子，準備享受湖濱下午茶的浪漫時光。

魚兒迫不及待地拿出我從台北為她帶去的咖啡蛋糕。我看她像孩子一樣，徒手一小口一小口撥著，然後放入嘴裡慢慢兒享用。她那優雅美麗的臉龐，洋溢著滿足的笑容，如此開心純真的表情，讓我不自覺地被渲染得滿心歡喜。

她說，這一家老牌的咖啡蛋糕是小時候媽媽常常買給她們吃的。正因為它乘載著童年時美好的記憶，所以長大之後，魚兒還是好喜歡這種熟悉的口感和味道。這些年，她身在遙遠的異鄉，更是懷念故鄉舊情，所以現在能夠品嚐到這「人間美味」，她真是感覺無比的幸福呢！

曾經真實地面對自我內在的衝突制約，歷經層層剝除障礙的人，果然就會回歸孩子般純真的模樣，享受極簡單的喜悅與幸福——我眼中的魚兒便是如此。

我們一邊喝茶聊天，一邊環目四周，湖邊的沙灘上幾個孩子挖掘著細沙埋住自己的雙腳，和身旁的同伴們嬉笑打鬧著。湖裡一群大人小孩正在游泳、戲水、划船，歡笑聲不斷傳來。

沿著湖畔小徑，有些人牽著狗兒在慢跑。湖面被四周深深淺淺的綠樹圍繞著，碧綠的水面遼闊且寧靜無波，好似一個母親恬靜滿足地看著自己的孩子們正在周遭頑皮地嬉鬧著。在這裡，寧靜與歡樂同時存在，氣氛悠閒怡然。沒有人在講電話或者滑手機當低頭族，無論大人小孩，本地人或外來旅客，每一個人都安然自在地享受當下。

只有全然地放鬆心情，調慢腳步，專注於目前的情境，才能夠有那個福氣怡然地安住在此時此刻的美好。

吃喝完畢，我們兩人就並肩躺在草地上。雖已是夕陽，但仍有威力，我們便以草帽稍稍遮擋。目光循著樹幹往上看，映入眼簾的是大樹錯綜伸展的枝椏，從主幹一路往四周延伸，宛如生命無限的擴展，那寬廣的姿態好美。

暖暖的陽光透過碧綠的樹葉間縫灑落，光影交錯，交織成一大片充滿了生命力的綠色天幕。微風輕輕吹拂，於是漫天無數的葉片隨風翻飛舞動。光線隨著時間輕移，金色的光影不斷變幻著，葉片呈現透亮的光澤，深淺不一的綠細膩而多變。這令人屏息的圖像就像一幅充滿活力的動感畫作，這樣的極致之美，我無法盡言，也不能成畫，只能讚嘆上天的巧工！

湖邊種了許多蒼翠的垂柳，它們傍水而立，柔軟的柳枝有些飄蕩輕拂著水面，有些隨著微風裊裊生姿。我們躺著往上看，仰望柳枝兒在藍色的天空裡，款款搖擺，那楊柳依依貼著藍空輕輕飄舞著。柳枝的這種樣貌，感覺像是嬌俏的小女兒在向雄偉的父親依偎撒嬌呢！

躺得很滿足了，我們就沿著湖邊散步。這個湖區四周全是參天的松柏，每一棵都高聳入天。走在大樹林立的小徑裡，陽光透過樹梢灑落下來，晚風清涼，藉由每一口呼吸沁入心脾，充滿了生機蓬勃的能量。

魚兒適時引用高靈「賽斯」的話，說道：

「神，就住在大自然裡。」

不見得一定要在寺廟、教堂，或者靈性課程裡，只要我們的心能夠專注無罣礙地全然融入大自然，那麼就能夠感應與神共度的美好時光！

朝陽伴我行

魚兒家裡有兩隻可愛的狗寶貝，每日晨起她都會帶著牠們去散步，藉由這個活動，揭開一天的序曲。

小住幾天下來，我也不禁愛上這樣迎著朝陽的林間散步。每天晨起靜坐後，我就和狗兒們一樣翹首盼望魚兒帶我們共度這一段美好的晨間時光。

其實，我們就是在住家附近走一走。這一個住宅區樹木特別多，就像住在童話故事白雪公主的森林裡一樣，出了家門就是滿眼綠意。有些用來圍籬的樹木，葉片鮮翠碧綠，色彩飽和，在陽光下閃耀生輝，竟彷彿掐得出水似的。

整體來說，大部分還是高聳入雲的大樹，有掉了滿地毬果的松、挺拔壯碩的柏、葉片寬闊美麗的加拿大楓、棗紅色的李樹，還有造形奇特的猴子樹。可惜我識樹不多，還有許多不知名的樹木，都無法名之。

這些蒼勁的老樹就算沒有上百歲也有個數十年的年齡，所以每一棵都長得英挺俊拔，強壯有力。我對能量很敏銳，總是喜歡去感應它們的磁場。在氣功與自然療法裡，抱樹是很好的療癒方法，愈強壯堅實的大樹，愈能引動能量交流，洗滌身心。

馬路兩旁的綠樹已經教我看得開心不已，眼光卻還要貪婪地欣賞左鄰右舍的庭園設計。在這個住宅區裡，家家戶戶都將庭園、門面打理得美麗又有特色。有的以石頭堆砌成斜坡，在石頭與石頭之間種上各種顏色的花卉，依著季節次第綻放。有的人家則不種花，只種各種樹木。他們刻意將樹木栽種成美妙的姿態，高高低低、大大小小、錯落有致，就像日式盆栽的放大版，簡直是巧奪天工！

有的人家更有雅趣，他們既不種花，也不種樹，卻種植了一些很特殊的草。那些草兒可神奇呢！有綠、有黃、有褐、有灰白，一叢一叢，不同的顏色各自獨立。它們都長得細細長長，輕輕柔柔地隨風飄搖，那姿態像柳絮、像蘆葦。看到這情景讓我不由得想起那首熟悉的民歌〈小草〉，這樣隨風揚起，隨風倒下的生命態度，不正是「臣服」的真意？

如果我們能夠向小草學習，全然臣服、接納不時起落盛衰的人事情境，那麼這就是修行的最高境界了。

沿途走來，大部分的人家的門庭多是花草樹木兼具。這個時節開放得最吸睛的是雪白的罌粟、豔紫的薰衣草，還有紫紅、亮藍、粉紅、淺紫集於一株的大朵大朵的繡球花。有一戶人家在入門的小徑兩旁全部種了繡球，這花開得實在太有勁了，上百朵碩大無比的花兒盛開，滿滿占住了路的兩旁，掩蓋住了所有的綠意，看得實在過癮極了！

植物之美是靜態的，可愛的動物們則是喧鬧的。

這晨間時光是兩隻狗兒的社交機會。兄弟倆只要一出了家門，總是急忙地拉著我們往前奔跑。牠們像巴士停站一樣，固定在一些樹叢上小解宣示主權，只要看見迎面而來的其他狗兒便會狂吠不已。接著雙方的吠聲就會此起彼落，很是熱鬧。其實牠們都沒有敵意，只是想要親切地打招呼而已。

不管是早起慢跑運動的人，還是同樣帶狗散步的鄰居，大家都會因狗會友，寒暄聊上兩句。有時候原本不相識的人們，當狗兒聚集一起時也會彼此熟落起來，人聊狗吠，好不親熱。

林子裡的鹿兒也常常跑來湊熱鬧。牠們比較害羞膽怯，看到狗兒們叫著跑過去，就會趕緊逃走，或者是遠遠地觀望著，有時也會跟著我們走上一段。鹿兒們很溫馴可愛，我喜歡和牠們四目對望，望進那對烏溜溜的大眼睛，有一種以心相會的美好。

不止如此，還有鳥兒的林間啁啾、大樹上松鼠跑跳的可愛身影，牠們也都為晨間的散步平添許多驚喜和樂趣哩！據魚兒說，這附近還常常有兔子、小浣熊、狸貓、蜂鳥等等小動物出沒，人與動物和諧共處，真正是很美好的事情。

無論植物或動物都具有純真的靈性之美，值得我們細細體會。修行並不是一味地高談心靈話語，或者比較層次高低，而是要在這些平凡的互動當中，持續地以心相融，與牠們合一共振，這樣反而更能夠享受單純愉悅的幸福。

煙花燦爛的夜空

很多事都是出乎意料，很多恩典總是超乎我們的想像。

人生的每一場際遇往往無法事先規劃，即便自以為計劃完善，也常常會有人算不如天算的狀況。面對真實的感受，臣服並感恩，總會有不可預期的豐盛收穫。加拿大的一場煙火秀，讓我有了一次難忘的體驗。

應魚兒之邀再訪維多利亞城，沒有想到短短兩個星期的時間裡，我們竟然會兩度造訪布查德花園。

我們第一次進園之後，魚兒才發現原本每週六、日都會施放的煙火秀，今年竟然更改為每月只有一次。對我而言，只要有美麗的花樹草木就能讓我心滿意足，不勉強非得看到煙火不可。

然而魚兒懊惱不已，替我覺得很遺憾，她一心想要讓我見識最美好的景致，當下就提議：「我們可以再來一次呀！還好下週妳還沒回台北呢！」

我那時心裡想著，這門票、餐點可都不便宜，我怎麼好意思讓她多破費呢？加上自己覺得當天所有的一切都那麼美好，真心已感到十分滿足，便婉拒了她的盛情。只是我萬萬沒有想到，上天要給的豐盛與恩典，往往會遠遠多過於我們的頭腦裡能想像的。

就在第一次進園後，隔天清晨的靜心冥想裡，突然一個強烈的感覺襲上心頭——我也好喜歡看煙火呢！我想要見識見識這難得的煙火秀呀！

這個「真心」的感覺，沒有人情世故的束縛，直接湧上心頭。我認清自己內心真實的感受，腦中隨即就湧現了一個可行的方法。我坦誠把心裡的感覺告訴魚兒，並且提出建議，希望這次由我來作東，請她成全我的想望。

我們倆果然是心意相通的摯友，她聽懂了我的心結，當然也就爽快地答應，不再堅持熱心招待的原則了。

就這樣，一個心境的轉折之後，才隔了一週，我們又開心地來到同一間餐廳享受英式下午茶。這一次比上回更加幸運，我們爭取到了最佳視野的戶外餐桌。我在這一邊遠眺玫瑰花園，魚兒在那一頭欣賞著義大利花園。在這樣的大自然美景當中，喝著淡淡香甜的薄荷茶，享用英式三層精緻瓷盤盛裝的美味茶點。我們慢慢喝著、吃著、聊著，還有什麼樣的情景會比此時此刻更加悠閒自在、豐盛美好呢？

喝過下午茶，我們再訪最愛的玫瑰花園。這一回我不再興奮過頭，不再急著匆匆忙忙地拍照了。花兒依然令人驚豔，但是我的心情已稍稍平緩。我們一起細細地觀賞品味每一種玫瑰的色澤姿態，湊近聞一聞那淡淡的花香，輕輕撫摸柔軟如絲絨一般的花瓣。

我忍不住對魚兒說：「這樣的人間美景，在花兒盛開時能夠來上兩回，這真是莫大的福分呢！」她微笑著應和。

這一天因為有煙火秀，所以園區的人群顯然比上回入園時多上許多。魚兒是識途老馬，她知道要早早去占位，才能擁有最好的視野觀賞煙火秀。所以到了六點左右，我們就提早來到觀賞煙火的大草坪。趁著遊客還不多時，趕緊挑選了個好位置。我們鋪上毛毯，拿出自備的晚餐，就著夕陽，享受野餐的樂趣。

遙望天邊，夕陽正順著樹梢、山巒緩緩西下，慢慢兒回家了。約莫到了晚間十點，天色才漸漸暗了下來，但是並非全然漆黑，天空裡還是有著濛濛的灰藍。突然間，碰的一聲，煙花四散。哇！煙火秀開始囉！

灰藍的天空是一塊大螢幕，由於大草坪是斜坡，所以我們眼前遼闊的屏幕完全沒有遮蔽，所有的煙火表演都可以一覽無遺。

「哇！哇！哇！」驚嘆聲此起彼落，一個接一個的煙火在我們眼前發射、爆開、放大、散落。我們頭頂上，滿天都是耀眼的光芒，光彩奪目，大家都看呆了，驚喜不已。

不只是這樣爆散的滿天煙火令人驚豔不已，接下來的表演更是這座花園的煙火秀特色。眾多煙火從地面一個接一個地比鄰發射，到了與我們視線平行的高度時，這些煙花就開始展開如花朵般的圖案。一朵又一朵美麗繽紛的煙花，隨即開始旋轉擴展，像轉動中瞬息多變的萬花筒。它們忽而放大、忽而縮小，整個過程就像花朵從含苞、綻放到漸漸凋落的快轉動作一般。燦美亮眼的煙花飛快地開放著、疾舞著，美麗極了！

有的煙火發射到半空，最亮的火點就在屏幕上形成長長的一排像山形的圖案，然後許許多多細細碎碎的小火花就從上面流瀉而下。在奔流而下的過程中，數不清的小小火花不斷地旋轉翻滾著，然後快速地墜落。這樣特殊的景象宛如白色飛瀑一般，極為壯觀美麗。

還有的煙火射出高低不一、層層疊疊、繁複多變、左右搖擺的舞蹈狀，就像水舞一般曼妙多姿。

發射到高空上才爆開的煙火更是華麗多變、美侖美奐。有的一枝一枝飛沖上天，在空中爆開後，飛射四竄如流星狀，也有的爆開之後就像碩大的蕈雲狀。

煙花的色彩多變，一會兒是燦白，一會兒是亮黃，一會兒又來個橘紅。所有的煙花多彩多姿、滿天燦爛、輝煌無比，令人眼花撩亂、目不暇給。

舉世聞名的花園所精心設計的煙火秀，果真是與眾不同。這一場表演彷彿在和滿園盛開的花兒呼應，好似在互相競色爭妍哩！

在這個美妙的過程當中，我內在的亢達里尼能量（註）持續不間斷地震動著。隨著交響樂，煙火呈現出了絢爛的色彩以及散爆的壯麗聲響，我內在的能量也隨之舞動不已，喜悅滿盈！

此時此刻，我的心裡充滿了好多好多的感動與感恩。我想是因為我寵愛自己的堅定之心感動了神，所以才能成就今夜之行。

我在心裡默默禱告，感謝上天所賜與的一切美好恩典！

*亢達里尼：源自古老的梵文，意謂捲曲。藉由正確地刺激，亢達里尼的能量能夠在海底輪甦醒或被喚醒，並且憑藉交感神經向上流動，並經由引導通過其他脈輪。

神聖禪室裡的彌勒佛

魚兒和我一樣都有晨起靜心冥想的習慣，所以她在加拿大的家中設立了一間禪室。

我們都遵循新時代觀念，眾神合一，沒有宗教教條的制約，因此禪室裡東西神佛合併，天使菩薩同在。

我到達的第一天，她便帶我參觀居家環境。在這間充滿寧靜與神聖氛圍的禪室裡，她手指著正中央那張英俊好看的神照，問我認不認識。

我看了看：「是不是耶穌基督？」

她說她剛開始也這麼以為，結果她的靈修老師告訴她，這位西方靈修者耳熟能詳的「彌賽亞」，竟然就是東方的彌勒佛！

啊哈！說起彌勒佛，那我可就熟悉了。

我平時很少拜神佛，家中也沒有神壇。我認為神佛心中坐，祂們既無形也無相。但是一有機會看到讓我心生歡喜的佛像，我仍會忍不住心動搬回家。我曾經買過的佛像只有觀音菩薩和彌勒佛，尤其特別喜歡彌勒佛肚子大大的，以及那笑得樂開懷的表情。有一句彌勒經典之言的意境，更是深得我心：

「大肚能容，容世上難容之事，開口便笑，笑天下可笑之人。」

既然有緣在異地相逢，那我便想要試一試去連結祂的能量。這一試我便開始了這一次的療癒與提昇之旅。

在這些天的靜心當中，我一次又一次被彌勒佛洗滌清理。有一次，在靜心時，眉心輪突然出現一個景象：我正穿越一條黑暗幽長的隧道，慢慢地來到了明亮的出口，我看到不遠處繁花似錦、風景綺麗，但是心裡猶豫著不敢跨出去。

當下我即刻明白，這景象來自於內心的恐懼——我害怕自己不配擁有豐盛與美好——雖然我明白，自己值得享受一切豐盛及美好，但內心仍被這樣的恐懼困擾著。

此時，彌勒佛從天而降，拉住我的手，飛了上去，我看到滿園的美景，於是在心裡問道：「這是您要讓我看到的嗎？」

「不是，這是妳本來就擁有的。」祂如是回答。

這時，我的心，深深地被觸動了，淚流不止。

原來，神愛我們，遠遠比我們愛祂還要多！

還有一回靜心時，我又見到彌勒佛以手托扶著我往前行，我心想：「親愛的神吶！您為什麼不像佛像裡托住金元寶一樣地托住我呢？這樣我更能輕鬆自在地享受啊！」

「因為妳還有未竟之使命，還要分享愛啊！這些需要行動力喔！」神這樣回答。

是的，我當下理解，這樣的生命藍圖原本就是我自己的選擇吶！

我再問：「為什麼我有時候可以溫暖地關懷別人，有時候表達愛的方式，卻是破壞力極強的棒喝？每次一棒敲下去，看似打到別人，卻也會心生自責，這樣很辛苦，很痛耶！」我在向神抱怨了。

神又回答我說：「愛，就像太極的圖案，破壞和建設看似兩極，實際上破壞就是建設。助人的方式不是只有溫情，勇於展現棒喝需要很大的力量，這正是妳難得的生命特質。」

喔！我懂了，原來，過去的我太習慣於「溫柔的慈悲」，不敢接受自己擁有破壞性的能量。事實上，我需要透過「破壞」的過程來拿回力量，提昇自己，才能展現建設性的創造力。

透過一次又一次的連結，我慢慢地想起來，此前每當我被親人朋友的負面情緒干擾，擔憂著不知如何介入幫忙時，總會浮現一個聲音：「入眼不入心。」得到訊息後，我便能立即放下，不再罣礙。一旦我又心疼眾人受苦，想要出手幫忙，祂也會立刻來一句：「沒有受苦的人。」

這樣具有深度智慧的話語，不是我的頭腦能掰得出來的，我知道是神在帶領、教導著我。是啊！每一個人的人生戲碼都是自己的挑選，由自己所導所演，倘若覺得別人受苦，其實是我自己的投射！

我好奇地再問：「那一路陪著我走過療癒的守護天使呢？」

神說：「覺醒之後，就要提昇了，是我在帶領妳走向豐盛與喜悅之路。」

啊！我恍然明白，原來我的生命藍圖是這樣設計的。一步又一步，從認識自己開始，走入療癒、經過覺醒，然後要再提昇。這些過程中，神真的時時刻刻都在帶領著我呢！難怪我在意識的覺醒之時，能量的震盪之下，狂喜的浪潮襲來就會如彌勒佛般地哈哈大笑！

這一回來到加拿大度假是上天的安排，就連兩度再訪布查德花園都是神的提醒，祂在我靜心時來敲門，打破了我僵化的慣性思考，讓我透過魚兒一再享受豐盛的恩典。

回到台北之後，才發現工作室的音響檯上，我早就擺設了一尊彌勒佛。而且在我的電腦桌下方一直都有一尊黃水晶彌勒佛每天笑咪咪地看顧、陪伴著我。我覺得自己真是好笑，天天面對面都沒能相認，還好祂一直都住在我的心裡，不曾棄離。

難怪有這麼一句話：

「神，一直都在，能不能認得出來，那是修行的功力啊！」

P A R T 5

創造整體的幸福，即是延續自己的幸福

當一個人經驗過自身的整合，活在喜悅的氛圍當中，那麼他就會像盛開的花朵一般，自然地吐露芬芳。

活出自己——彩繪生命中的繁花

在瓷繪的領域，我曾經教授過上千個學員。這其中有許多人是因為透過媒體的報導，知曉了我中年轉業的過程，因而前來學習瓷畫，亦不乏想要把這個興趣轉化為工作的學員。

他們都是心裡懷有夢想的人，但是能夠堅持初衷，以毅力、恆心及行動力落實學習的人，比例上卻是極少。這些少數學有所成的學員都是讓我十分佩服的好姊妹。她們都是非常專注認真地完成了花之華五大系列教案的優秀學員，有些人目前也獨自成立自己的工作室，甚至有些人在許多社會大學、職訓局或其他單位教授瓷繪，傳承與我相同的理念，成為一名優秀的瓷繪老師。

麗月曾是花之華優秀的學員，我們同樣看賽斯書，所以常常一起去上許添盛醫師的課。她的人生故事非常精彩，在靈性上是一個勇敢的靈魂，而且個性開朗、樂於助人。

初期她從不會畫畫，到拿起畫筆，沉醉其中，經過幾年認真地學習，終於成為受人歡迎的瓷畫老師，成就了自己的夢想。她全然地享受於繪畫以及教學的過程，同時也在幫助別人成就夢想。目前她已經開設了自己的工作室，以心靈瓷畫來鼓勵想要自我成長的人。

美雲擁有正向樂觀的開心能量，每當她踏進我們的畫室，總會隨之傳來開朗的笑聲。她原本就已經在教畫，從媒體上得知超低溫釉上彩的特色，便遠從中壢來學習。她幾乎沒有停過課，密集地上完五大系列課程。目前除了在自己的工作室教學，也在中壢職訓局教授團體班，一個班有數十人之多。她是一位非常有熱忱的老師，喜歡與學員們溫馨地互動，也很享受教學過程當中的成就感與榮譽感。

藹凌與如平是一對姊妹花，對於繪畫都有十足的熱情，彼此互相鼓勵支持。她們倆的溫馨姊妹情，讓大家都很羨慕。兩姊妹在學習和教學上也都能互補長短。藹凌在台北有瓷畫工作室，目前如平則已經在杭州授課，是當地受歡迎的瓷畫老師。

她們姊妹倆和我，除了在瓷畫上的連結之外，更是心靈上的同修，我們常常一起分享心得，她們都不遺餘力地在協助身邊的人自我提昇。

美幸是一位認真的女人，一旦栽入繪畫的世界，便常常忘記了時間，她的畫工細膩、很有耐心、對人和善，在龍潭也有自己的教學工作室。

美芳非常喜歡畫畫，雖然在學校念的並不是美術科班，但是她工作之餘，總是把繪畫當成最喜歡的興趣。她說：「繪畫是最好的紓壓方式。」她的畫工非常細膩、觀察力敏銳，目前是花之華教室的大師姐，是我得力的助手。

芳伶多年前就來我這兒學畫，當時因為父親反對，她曾經忍痛暫停了幾年。她說沒有來畫畫的日子很不快樂，經過我多方鼓勵，她再次回到畫室持續學習。這一回，她一邊學畫一邊幫我打理所有對外參展的連絡事宜，同時也協助教學。除了深受學員喜愛，她更是我的貼心天使，我們還共同完成了與新北市政府合作的瓷畫文創案。

貴雅來到花之華學習瓷畫之前，曾經在新加坡學過水彩、油畫。秉持著繪畫的熱忱和認真的態度，她也將瓷畫學得非常專精。前幾年她又到墨爾本進修了當代視覺藝術的碩士學程，融合各種技法與創意，她在瓷畫方面已經全然走出自己的風格。不僅展現在藝術文創商品設計，也將瓷畫與昆達里尼瑜伽結合，讓藝術、瑜伽自然相融，協助個人靜心與覺察關係。

她將藝術的美感運用在靈性的、有能量的壇崔項鍊客製上也令人讚賞！我們亦是心靈密友，常常一起去上同樣的課程，互相鼓勵與支持。

漢珍是學校的國文老師，教學和家庭已經讓她很忙碌，但是幾年下來，她利用週末持續學習，這樣的恆心和毅力讓我很佩服。她不僅學畫認真，在心靈領域也多有修習。

現在她預備將瓷繪推廣到學校的社團，帶領孩子們輕鬆玩瓷畫。

除此之外，還有多位優秀學員也都因著瓷繪這個興趣而轉成工作，自娛娛人，在瓷畫的教學當中陪伴需要的人。

這些姊妹們的故事讓我想到了知名舞者李昕老師常說的一句話：

「快樂最重要。」

李昕老師因著這樣的生命哲學，一直在做一些讓自己快樂的事。不僅跳舞、教舞，還畫畫，畫了油畫尚不過癮，還畫瓷，同時也成立了「昕瓷器」的品牌。我參訪過老師的畫展，在瓷畫部分大多數與佛朗明哥舞的風格結合。我好喜歡那些在陶瓷上踩踏出兼具力與美，融合柔與剛的各種風姿的舞孃。

有一次公演，老師因腳受傷，所以沒能上台演出。在表演的曲目當中，除了西班牙舞者克拉拉（李昕老師的老師）大展身手讓我們看的熱血沸騰之外，舞團裡還有多位美麗而擅舞的表演者。據說，她們都是舞團培養出來的菁英，每一個都是優秀的舞蹈老師。看過這一次的表演，我又多了更深一層的崇拜與佩服。

李昕老師致詞時說了，她感覺舞團裡的舞者們就像她自己的孩子一樣，有些人在舞團裡一待就是十多年，期間，團員們經歷了結婚、生子，她自己都像是「阿嬤」了！

回憶那時李昕老師的語調之間盡是柔情與自得，彷彿是自家孩子有了莫大的成就一般地引以為傲。想到花之華同樣也慢慢培養出了幾位優秀的瓷繪老師，李昕老師這樣不遺餘力地傳承精神，我很能體會，也相當感動。

這些工作坊介紹給想學瓷畫的你：

・鄭麗月：台北市文山區興隆路三段123號3樓
・江美雲：桃園市雙峰路168號3樓之3
・李藹凌：台北市康寧路三段189巷155弄16號7樓
・劉美幸：桃園縣龍潭鄉雙連街288巷25號

溫柔的築夢堡主

稻禾初發新綠的三月底，我在好友如芬的安排下，來到宜蘭特教學校演講並帶領青花瓷繪的體驗課程。

我一向都是工作兼玩樂，所以如芬特別招待我們去住她的好友菀芯所經營的「芯園城堡花園民宿」。

這一座城堡實在令人驚豔，一來到門口就可以看到處處花團錦簇、綠意盎然，一切精緻又脫俗。進了大廳，映入眼簾的就是我最喜歡的維多利亞風格擺設，有典雅的歐式沙發和坐椅等傢俱。精緻的展示櫃裡，陳列著許多來自世界各地、充滿異國風情的裝飾品和美麗的瓷器。

我們被親切地引領到如芬預訂的「國王城堡」，這間二十多坪的大房間，處處可見匠心別具的裝飾。看到桌檯上的咖啡機，我們忙不迭地先煮了杯熱騰香醇的卡布其諾，然後一邊啜飲，一邊細細瀏覽堡主的精心布置。

手繪玫瑰花的木頭鑰匙、紫紅流蘇裝飾的華麗躺椅、Tiffany的彩繪玻璃檯燈、美麗的水晶吊燈……屋內的豪華恰如其名。打開窗門，屋外還有專屬的竹林綠蔭小陽台，一組鑄鐵鍛造桌椅吸引我坐了下來，深深吸了一口充滿清新的沁涼空氣——哇！整個身心通暢，舒服極了。

如芬早就告訴過我，菀芯是個蕙質蘭心的「綠手指」，所以我們喝過咖啡就迫不及待地來到花園探險。

這一座城堡民宿有好幾間不同風格的房間，而圍繞著這些房間的就是菀芯親手用心栽種的花草樹木。花園裡有壯碩參天的楓香，有沿樹攀爬到三樓高的豔麗九重葛，有展臂迎人的碧綠小欖仁，至於小徑兩旁則盡是許許多多不知名的美麗花兒。愛花愛樹成癡的我，當下醉倒在這一片精心布置、用心栽植的花園裡了。

我坐在搖椅裡，輕輕搖晃著，享受如此悠哉的閒情逸致。住在這座城堡裡簡直是精神上奢華至極的享受。

花園城堡令人驚豔，菀芯更是人如其名。隨著她的輕聲細語，我的心彷彿也不由自主地緩慢了下來。

我們開始聊起她這一路築夢的過程。經營這樣充滿夢幻的歐風民宿，呈現美侖美奐的花園景致，這是她長久以來的夢想。我原本以為有閒錢的人才能作這樣奢華的夢，但是經過瞭解我這才明白，他們夫妻都是公務人員，並不是經商的有錢人。華麗的城堡是利用他們從薪水一點一滴存下來的錢，一間接著一間慢慢蓋出來的。這種以毅力與恆心成就夢想的精神，最是令我佩服了。

菀芯說：「園藝是最好的療癒。」

她鍾情於蒔花弄草，也喜歡將她巧手布置栽種的花草世界與人分享。「花草有情，人豈能無情？」她期待每一個來入住的客人都能帶著溫馨的情誼離開。這個認真的女人，成就了美麗的芯園。

如芬最是推崇菀芯的危機管理能力。我從談話當中認識到她柔軟的身段、主動認錯的精神、積極彌補的態度，這些軟實力是芯園能夠成為宜蘭地區優良民宿代表的原因。

菀芯敘述了一個多年前的小故事：

「有一個歷史較悠久的房間，現在已改為咖啡廳使用。當年這個房間曾經突然發生水管不通的狀況，讓客人非常生氣，抱怨連連。可是我們一時找不到水電工，我只好趕緊和先生親自去修理。那位客人看著我們誠心的態度，反而不好意思地說：『芯姐，妳會不會覺得我是奧客？』當下及時的用心，化解了一場危機，從此這個客人便像朋友一般，有機會就來入住。」

她從經歷中淬鍊出來了一個心得：

「每一次的障礙都是學習與改進的機會，努力過後才會成為品牌的資源。」

曾經有一位遭逢先生外遇而想要輕生，單獨前來住宿的女士。菀芯憑著她敏銳的觀察力，感覺到狀況異常，所以主動邀請她一起用餐。在餐敘當中，菀芯以同理心溫柔地勸慰，懇切地鼓勵她改變自己強硬的態度，試試挽回先生的心。這份溫情讓這位婦人打消了輕生的念頭，並且燃起希望，願意重新面對生活。

爾後過了數月，這位女士還帶了全部的家人一起再訪芯園，並且對菀芯致上無限的謝意。菀芯柔軟溫情地適時陪伴，挽回了一個即將破碎的家庭，同時也無意中為自己贏得了一份難得的情誼。

根據我的觀察，菀芯的個性外柔內剛，她帶著溫柔與情意對人，但是以堅毅不屈撓的態度做事，這樣認真用心的人當然能夠成就大事。

她不僅僅是用心成就自己的夢想，更能因為這個夢想而為眾人帶來幸福！

繁華落盡，純真依然

我一直這麼認為：命運，是透過自己選擇而來的。

霏愉的人生故事為這句話作了極佳的詮釋。

讓天賦自由，就能創造豐盛財富

霏愉是一個才華洋溢的空間設計師，許多富豪的新居以及達官顯要的辦公室都指名了要她設計。而她也總是不負所望，客戶的滿意度百分之百。設計口碑在口耳相傳之中逐漸建立，她和先生漸漸擴大了他們的室內設計公司，並且賺進了豐盛的財富。

當年創業的過程雖然很辛苦，忙碌時身體很疲累，但是精神上是很愉悅的。她說自己很喜歡設計的工作，對於能夠學以致用也很滿意。有時候工作到三更半夜，她就會一個人把音樂開到最大聲，讓自己沉醉其中，然後進行工作的發想，不論是設計的內容還是配色的選擇等等，許多靈感就會源源不絕而來。

霏愉的個性特質是溫和當中帶有創造力。她說：

「並不是我特別能幹，而是我隨順著自己的創造力特質，用對地方，這才是主因。以前有雜誌記者訪問過我，設計可以做得這麼成功的關鍵是什麼？記得當時我回說：『享受創造過程，用心完成每一件個案作品。』設計工作對我真的是如魚得水。雖然工作過程確實是會透支體力、時間，但是帶著熱忱享受過程，卻是事實。」

這點很符合高靈賽斯的想法：

隨著天性特質，自然之道即是成功之路。只要找到自己熱愛的事，天賦自在其中，物質實相的豐盛自然會呈現。

重新認識自己，回到宇宙大愛

我與霏愉相識之初，總是見她一身剪裁得宜、設計高雅的衣著打扮，搭配著極具風格特色的珠寶配飾，外表高貴卻不奢華，是一個低調的貴婦。她身材嬌小，卻氣質婉約出眾，臉上總是帶著一抹淺淺的微笑，親切可人。

相識之後，因緣際會，我們在同一個心靈老師的諮商課程裡，得知了彼此生命的課題，以及難以向人隨意提及的心靈傷痛。因著這樣深入的瞭解，我們更加珍惜彼此的情誼，慢慢地變成了無話不說的知交。

有一天我得知，她將帶著兩個還在求學的孩子，去到陌生的國度，重新展開「心之旅」。對於這個決定，朋友們一陣嘩然，紛紛訝異地詢問：「為什麼？」

她淡然地回答：

「我對婚姻裡彼此之間價值觀迥異所產生的衝突，感到失望之餘，迫使浮出那最原始潛在內心的孤寂感。對人生真相的質疑，對生死虛幻的茫然，這種生命底層最沉重的困惑煎熬，使得我再也無法安於表相尊榮地日子。」

這樣破斧沉舟的魄力，真的不是一般人能夠做得到的。

霏愉外表身形嬌弱，內心卻有著堅毅的勇氣。她選擇了華人極少，也沒有親戚朋友可以協助的北國小島定居。

以前在台灣，因為工作很忙，家中請了幫傭來打理家務，但是到了國外，事必躬親，樣樣都得自己來。對此，她是這麼說的：

「剛剛買房時，為了裝修這個一百五十坪的大房子，我每天都得要開著箱型車到大賣場載裝潢用的材料。無論是木板、地毯、庭園裡的花草樹木，樣樣都得要我自己搬進搬出。」

「除了屋內的家當，屋外也有前後兩個大院子，需要重新規劃和栽種。院子裡的鬱金香，都是我在入冬之前，趕緊埋下種子，到了來年開春才能夠開出美麗的花兒。到了秋天，院子裡掉落的楓紅漫天蓋地飛舞著，看似美景啦，但是掃起像座小山一樣的落葉，處理起來那可是大工程呀！」

我真的很難想像嬌柔纖弱的她，竟然能夠親自做這些粗重的活兒？

在這遠離家鄉的陌生國度，她為自己和孩子打造了一個嶄新的家園。室內的裝潢設計全是她的巧思，無論是畫作、陶雕，以及其他各種藝術品的陳列，還是空間的規劃運用、傢俱的擺設，全部都讓人感覺溫馨舒適。

為了重新生活，平日除了陪伴孩子，她也給自己選擇了許多裨益身心的課程。例如：心靈繪畫、禪修、瑜伽、舞蹈、讀書會，同時還養了可愛的貓狗。

帶貓狗回家，是「愛」的驅動

有些人養貓養狗是想要牠們作伴。但是霏愉的動機並非如此。關於收養兩隻狗、兩隻貓的過程，她說：

「剛開始是在寵物店的櫥窗裡，看到一群小貓等著人收養。兒子偏愛貓，直說要養，並保證會清理貓沙……當然我也愛啦！牠就是妳看到的Tiger。後來女兒看到四個月大的兄弟狗兒，帶我去看，哇！牠們實在太可愛了！我們原本只帶回一隻，但不忍讓瘦弱的弟弟獨留櫥窗，硬是將兄弟倆一起帶回家。幾個月後，我們發現Tiger沒有伴，就又去認養了Honey，這才公平嘛！」

「所以當時想要帶貓狗回家，是因愛的驅動，並非為了要牠們陪伴。」

「凡是喜愛動物的人，經歷過與心愛的動物死別，其傷心程度與家人往生是一樣的，很多人因此不敢再養寵物。我也想過這個問題，但是我知道生離死別本來就是我累世的課題，所以還是選擇面對。愛，在每個相處的當下相互流動。況且，其實是動物朋友給我無條件的愛，而非我給牠們的呀！動物真的是我們的老師，是牠們帶我回到那個充滿喜樂的單純赤子之心。」

相較起台北的忙碌繁華，在這個寧靜的城鎮生活，步調自然而然就會緩慢了下來，生活變得平實而簡單，她笑說：

「在台北上班時，我每天都要花很多心思打扮自己，穿上昂貴的衣服，佩戴華美的首飾，妝扮要得宜、顧形象。現在啊，呵呵，有時候早上起來，我都忘了自己還沒刷牙洗臉，就會帶著狗狗去散布哩！」

固定的晨間散步回來後，她會為自己打上一杯養生果汁，有時是酪梨、山藥加豆漿、蜂蜜，有時則會配上各種蔬果，如蘋果、鳳梨、梨子、番茄，外加花粉麥片，另外再抓一小把堅果配著吃，這些都是營養滿分的早餐。她說：

「我之所以會這麼養生，也是因為曾經透支心力，免疫系統出了狀況。但是因禍得福，讓我重新認識身體的智慧，學習從心（重新）真正愛自己的身體。」

這個正面的思想完全符合賽斯的教導：

身體的病痛是為了提醒我們生活要改變，要懂得真正的愛自己。

人生，才是最棒的作品

很多移居國外的朋友都會因為環境太單調，生活很無聊，長期下來住不慣而搬回台灣。霏愉剛到國外時，為了打理孩子們上學，早晚接接送送，還得準備餐點，那個時候生活還挺忙碌的。現在孩子們都大了，時間空出了許多，但是霏愉依然一點都不覺得無聊，她早晚都靜心冥想，每天餵貓陪狗、修剪花木、整理庭園、聽音樂、看書。她自己上過許多身心靈課程，有機會也會幫忙需要的朋友作諮商或療癒。

回憶起離鄉之前，在一個心靈課程裡，當時老師曾經要她釐清自己是在逃避生活的問題，還是真正地面對生命的課題？她心裡篤定地說：

「我確實是帶著對宇宙的信任與內在的力量，要來完成獨立與依賴的生命課題。一開始同學們都很訝異，我怎麼放得下打造了二十年的事業？其實，這也算是轉移創作能量陣地，從工作空間轉移到生活空間。尤其，妳是知道的，一旦體驗過宇宙的大愛，自然是再也無法回到『忙、盲、茫』的生活模式了。我相信生命要重生必得先要『獨自』走一回。離群索居，貼近自然，明心方能見性。一段單獨的旅程是『覺醒』的必經之路。」

對於一般人覺得可惜的物質實相，她有精闢的見解：

「創造力不在於藝術上創造成品，而是創造生活。」

「我的人生將會是我最棒的作品！」這一句話，正是最棒的意境。

她還說以前曾經在養老院當義工，不過因為她最愛動物，所以現在在流浪狗之家當志工。她對自己還有期望：

「如果提到生命價值的完成，其實，在我心底『臨終關懷』才是我真正想做的。希望有朝一日，我能帶著神性的慈悲與愛送別，懷著喜樂的心，歡慶生命旅程的揚昇。」

當年她毅然決定獨排眾議離鄉而去，今日我看著她這樣把生命的重心拉回自己身上，漸漸活出簡單樸實且更為貼近生命核心價值的光采，這真是應證了一句經典名言：

「命運，是自己的選擇。」

從霏愉身上我很能體會繁華落盡之後的單純美好，這樣才是生命本來的真實面目，而能夠安於這樣平實的生活，正是值得學習的方向。

一切都是為了「愛」

根據「新時代 New Age」的觀念，我們每一個人投胎出生之前，就已經為自己擬定了個人的「生命藍圖」。

所謂「生命藍圖」就是我們可以和相關的人共同商議選擇自己的父母、親人、朋友以及生命當中要去經歷的各種過程。透過這個生命藍圖的實修，為的就是讓我們提昇靈魂的意識，那才是我們來世間的真正目的。

許添盛醫師經常引用高靈賽斯的一句話：

「我們是來地球出差、旅遊、學習，兼玩耍的實習神明。」

我自己也在這樣的理念之下，明白了原來是我在編排自己的生命戲碼，繼而漸漸地脫離「受害者」的心態，重新以感恩的眼光看待過去被我錯誤對待的「加害者」。在我的同修當中，有許多人也都因為這樣的信仰而拿回自己的力量。

秀華是帶引我進入合一殿堂的貴人。對我而言，她是一位很特殊的心靈密友。我們無須常連絡或者多說話，只要一接觸她就能輕易地融化我的困境，陪伴我穿越靈魂暗夜。這樣的朋友不可多得，我很幸運能夠擁有她的陪伴。

兩年來秀華覺醒的速度很快，在清明的覺知當中，她更顯得平和淡定。最近她在我們共同的靈修老師Amira的僻靜小屋裡單獨靜心了四天，然後特意約了我們幾位好友上山相聚，同享美好的大自然環境。

僻靜小屋位於外雙溪高高的山上，我們低著頭沿路拾階而上，爬到快要喘不過氣來。就這樣辛苦地走走停停，終於慢慢來到了山頂，我猛然抬頭，乍然一陣驚喜。哇！由這兒往外看去遠山遼闊，視野極佳，我們身處的四周樹木林立，一片綠意蔥蘢。在初冬的季節裡，每一口呼吸都冷冽沁涼，透入心脾，好不舒爽。

秀華早已盛情備下茶點，於是我們從容地環坐在小屋的大片落地窗前，看山看雲、喝茶閒聊。這樣悠閒的心與境，正是人間天堂啊！

我很早之前便知道秀華是一個有故事的女人。多年前她罹患了鼻咽癌，還是嚴重的第三期患者。當年照射鈷六十的後遺症，造成她講話、吞嚥、咀嚼都有困難。她必須謹慎選擇適當的食物，慢慢地說話，還要帶助聽器才能順利地與人溝通。但是這些身體上的障礙，絲毫不影響她的生活品質。她還樂觀地笑說，這些生理問題反而是她選擇健康食物的助力呢！

我對於她的生命歷程有許多好奇，於是開口問她：「當年得知自己罹患癌症時，妳是什麼樣的心情？」

她微笑著回答：

「那一年我二十七歲，女兒才一歲大。當時我大哭了三天，一直問：『老天啊，為什麼是我？』」

我又問：「癌症的治療是很艱辛的過程，是什麼樣的力量讓妳堅強地撐了下來？」

「剛開始只是單純地為了陪女兒，感覺是一種母親的職責。當時我相信『愛拚才會贏』這句話，我決定要陪著她長大，所以意志力堅定，很認真地配合治療。後來才慢慢想要和別人分享，覺得應該以我的親身經驗去提醒別人注意身體上的病變。」

這樣的以身示法，根本就是菩薩的示現！

我接著問：「妳覺得是什麼樣的心理因素讓妳罹癌？」

「從小我就一直是模範生，個性要強，樣樣都要做到最好，我不能忍受自己不夠完美。後來我嫁入一個價值觀迥異的大家庭，現實的生活困境很難忍耐，逼得我離家出走。離開夫家之後卻又對於自己沒能當個好媳婦、好妻子，深深覺得自責和內疚。現在來看，我覺得是因為要求自己太嚴格，內心的矛盾與衝突所致。」

是啊！心理的壓力往往是造成重大病痛的主因。

要求完美，原來是一種不完美。

我們相識多年，所以我也知道她有一段失婚的過程。那是她入道修行的重要契機，在徵得她的同意後，我當眾提及這個話題：「當妳得知他欺騙妳時是什麼心情？」

她依然面帶微笑，輕描淡寫地訴說，彷彿那是不相干的人的劇情故事。

「痛徹心扉啊，當時真的非常非常痛苦。」

「當時念高二的女兒知道爸媽的婚姻有問題，有一回刻意安排我倆去旅行，她希望父母能重修舊好。第二天回到家，他匆匆放我下車，頭也沒回地就急忙去趕赴與情人的聚會。那種被遺棄的痛苦，心痛如絞，我嚎啕大哭直到暈倒在自家門口。」

她說，當時幾乎完全沒有存活的勇氣，日日以淚洗面，被拋棄的痛楚令她幾乎崩潰。這時又是女兒這個小天使來提醒：「媽媽，妳天天這樣悲傷，叫我要怎麼辦？」好一個無助的孩子。

天使的聲音果然打動了她絕望的心，再次燃起了她的生存意志。她再度許下願望，要陪愛女長大成人。從此這個事件啟動了她的療癒之旅，她開始參與「疼惜自己」工作坊，以及許許多多的身心靈課程。

我再追問：「在那樣痛苦的情緒裡，你是怎樣去包容，甚至原諒他們啊？」我相信這是一般女人很難做到的課題。

「『願天下有情眾生皆能離苦得樂』，每次我只要感受到痛苦，我就念這個祈禱文。我發現只要我懷著怨恨，我的心就會糾結痛苦。但是只要我一念這個祈禱文，然後對他們送出愛，那時心就跟著敞開自在了。」

「怨恨其實是自苦。原諒並不是寬恕別人，而是放過自己啊！」

「後來，我也看到了他們兩人就像在大海飄浮的枯木，在彼此的生命低潮裡，互相陪伴著對方，那也是真愛啊！我真的不忍心看她受傷痛苦。」

因著這樣的菩薩心腸，她化解了兩個家庭的難題，也給自己開了另一扇窗。這些年她一直致力於心靈的療癒與提昇，持續上了許多課，也去了印度很多回，為的就是重整生生世世裡不斷輪迴的生命課題。

目前她已經從職場退休，正在享受著閒雲野鶴般的日子。但是她並非不問塵世，反而以她的經驗、體悟與智慧，一直在支持著身邊有需要的朋友。

我從秀華身上看到的是「愛」的示現，因著身為母親對女兒的愛，她從重病當中堅強地活了過來。因著對眾生的愛，她以身示法，體驗了「愛別離」的苦，然後不斷地在修行當中提昇自己，繼而與人分享，這一切的生命體悟都是為了成為散播愛的使者。

愛，可以不求回報

如芬是我多年的好友，也是我的瓷繪事業早期慘澹經營時，少數以行動支持著我的貴人。

在我的瓷畫事業草創初期，如芬三不五時就到我的店裡走走，在沒人上門的時候陪我聊聊天、打打氣。臨走時她總會買個作品讓我開個市，這樣的溫暖，是我能夠持續往下走的動力。她也是朋友當中唯一持續跟著我學瓷畫的人，到現在我們依然是親密的知友、畫友。

她總是在別人面前不斷地誇讚我中年轉業的勇氣和毅力。殊不知，她才是我心目中崇拜和引以為傲的對象呢！她也是在中年時分決定轉業，想要找回年少的夢想，於是從原來任職的產險公司退下職來，轉向教師的領域。這個轉業的過程非常艱辛，隔行如隔山，要放棄熟悉的領域，重新學習，需要很大的勇氣。

她花了好多年很認真地念書，好不容易才取得教育學程的學分，然後拿到教師的資格。但是教職這個領域，近年來僧多粥少，她必須到各間學校去個別甄試。甄試的過程很辛苦，因為每一間學校要求的教案都不同，需要很努力地準備。她從國文老師、英文老師，一直在嘗試，從北到南不斷也參加甄選。

在這個期間經歷了十多次的挫敗，她說：

「本來我想要教英文，所以很認真地製作教案、參加甄選。但是後來我發現現在從國外回來的年輕人太多了，他們的資歷才是學校和家長所重視的。」

對於正式老師之職，多次的嘗試都一再失敗，後來她便從代課老師開始。這一路上，她都堅持著自己的方向，從來不曾退縮改變。

又過了幾年，因緣際會，她應聘到林口特殊教育學校任職。這可是另一種困難的考驗啊！特教學校的孩子都是在精神或身體上異於常態的，例如：唐氏症（俗稱唐寶寶，智能較低）、腦性麻痺、自閉症、精神障礙等等，有的孩子還有暴力傾向。

有一次，她來上瓷畫課，我發現她的手受傷了。她說：

「因為有一個精神障礙的學生，突然之間情緒失控，抓狂了。他猛力地徒手抓住我，張嘴咬我的手臂，那個抓痕和牙印簡直像家暴。我自己從來沒有過這樣的經驗，魂都嚇飛了，回家後還去廟裡收驚哩！後來我才聽說這個孩子常常會這樣，學校的老師幾乎無一倖免。」

哎喲！我聽了一邊心疼，一邊忍不住對著她咕噥：「這樣當老師很恐怖耶！人身安全備受威脅，妳還要繼續做下去嗎？」

特教任職的第一年，她形容自己就像誤闖叢林的小白兔，幾乎每一天都會有不同的衝擊。譬如有些精神障礙的學生會全身脫光光，在校園中到處走動，或者亂打人、不穿鞋，這些突發狀況她都要親自去處理。而且那些孩子們已經是身材高、力氣大的高中生了，每每失控時兩、三個老師都制壓不住。

我常常充滿疑惑地問：「難道妳都沒有想要放棄嗎？」

她總是簡單地笑著回答：

「咦？別人可以做得到，為什麼我不可以？」

這位姐姐真的很勇敢，頗有打死不退的堅定意志！就是這一股不服輸的傻勁兒支持著她勇敢堅定地往前行吧？但是我也看出了另一個更感人的原因，我發現支持她的力量除了堅定的愛自己所選，另外一個原因就是這些孩子們的特質。

雖然這些學生的學業表現不如一般學校的學生，甚至很可能狀況百出、意外不斷，但是可能是智能不足的因素，所以即使都到了高中十六、七歲的年齡，行為舉止卻常常像四、五歲的孩童一般天真可愛。如芬每每提及孩子們童稚的話語或表現，臉上就會呈現一種慈母般溫柔的光輝。我相信是她天性裡的偉大母性引領著她一路無悔地往前走。

幾經輾轉，如芬後來一直在宜蘭的特教學校任職。這種性質的教職工作一般年輕老師很快就會申請轉調他職，只有她憑藉著這股毅力和韌性堅守崗位。

幾年下來她已經是該校最資深的老師了。這一天我們在閒聊，我問她：「在這十多年的教職生涯裡，妳覺得最辛苦的是什麼事？」

她想了一想，回答道：

「我覺得是來自家長方面的無力感，因為有些父母會活在小孩障礙的成就裡。意思是說，他們會以受害者的心態來檢視老師的言語或教學種種。」

「還有家長的配合度很令人苦惱。像班上有一個腦性麻痺的孩子，他不會自己刷牙，所以口腔總是散發出濃濃的惡臭。在學校時，老師們每天都會戴口罩幫他刷牙，一方面是為了保持口腔的衛生，避免蛀牙，另一方面也是希望孩子不要因為口臭而被其他同學排擠。但是到了寒暑假，回到家中之後，往往父母都不會配合照顧。等到開學後我們又要重覆再來一次，這種情形常常讓我深感挫敗。」

職場上總是難免有壓力和挫折，適時的轉換心態才能讓自己持續的往前走。

我接著又問：「那麼，妳感覺最快樂的事呢？」

「其實我們對於這些來到特教學校的孩子，期望都不會過高。就像我班上的唐寶寶，剛來的時候完全不會刷牙，只想吃草莓口味、甜甜的牙膏。」

聽她這麼說，聽得我們都跟著笑開了。

「我們慢慢地教會了她刷牙，一步一步地帶著她走下樓梯，像這樣讓她學會自己生活，我就很有成就感、很開心了。」

「我的班上還有一個自閉症的孩子，他很有繪畫的天分。我幫他辦展覽，鼓勵他利用壓克力顏料畫陀螺，現在在宜蘭的傳統藝術中心銷售，也有人願意購買。我也陪他去考烘焙證照，只要孩子畢業後有能力可以照顧自己，可以自力生活，我都很樂意也很開心地付出。」

她就像是一般的媽媽，看著自己的幼兒有了一點點的小成長就會不由得樂開懷。此時，我頓時領悟到：原來，她不是教師，她根本就是他們的母親！這樣轉念的動能，才能讓她無怨無悔地持續付出，而且不求回報。

今年，她帶領了三年的班級要高中畢業了。她用心地整理三年來孩子們的活動照片，剪輯成一本又一本的個人專輯。每一個孩子都將收到這份導師為他們親手拍攝，親自剪貼成冊的相本與光碟。如芬說：

「離情最苦，對每一個孩子，我都是百般不捨，但是終究只能在他們的生命當中陪伴走一段。」

我相信，有她陪伴的這一段三年時光，雖然短暫，但是每一位她親自帶引照顧過的孩子，必定都能深深地感受到她這份如慈母般的、無條件的愛，而這份愛終將讓這些孩子更有能力去面對不可知的未來。

大家總是納悶：「為何如芬的外貌從沒隨著歲月而顯老？為何在她可掬的笑容當中總是充滿著雍容的氣質？」我相信這是因為她長久以來不求回報的付出，成就了人心最珍貴的內在美，由內而外彰顯出雍容華貴的美麗容顏。

Accepting All Parts of Yourself
&Creating a Joyful Life

與你聊聊

成為喜悅幸福的園丁

親愛的朋友，讀完這本書請你稍稍閉目靜思，書裡面是否有某一段話，或某一篇故事觸動了你的心弦？如果這本書在你的內在引起了一些共鳴，那我要恭喜你，因為你即將為你自己找到喜悅與幸福的泉源。

多年來，我一直在努力經營自己的幸福花園，宛如一個辛勤的園丁孜孜不倦地耕耘、播種、澆水、施肥、除草、修枝，如今滿園的花盛開，我感謝上天對我的恩典。

經由不懈地努力，我漸漸完整了自己，所以能夠以喜悅平和的能量吸引與我頻率共振的人事物。在這個繁花似錦的幸福花園裡，有我喜愛的工作、和諧相處的家人、知心相惜的伴侶、互相扶持的朋友……宛如一個充滿了愛的能量圈，把我包圍得幸福滿滿。

當我找到了通往喜悅幸福花園的祕徑，我的內在就升起了一股願力，希望別人也能夠同樣得到這樣的幸福。這一路以來，我常常四處分享自己的生命經驗，因為在分享的過程當中，會帶動正向的能量，這樣的能量會像漣漪一樣向外擴散，形成一個生生不息的能量圈，這就是我的內在指引要我去做的事。

現在我要伸出手來，熱情地邀請你一起進入這個愛的園地，共同參與耕種這片林園，和我一樣當一個快樂園丁，培植出屬於你自己的幸福花朵。

培養選擇喜悅幸福的能力，
需要的是勇氣與行動力。
不用擔心你會做不到，
因為在這條道路上你並不孤單。
請和我們一起同行，
在這個園地裡有分享會、讀書會，
以及提昇能量的心靈成長課程，
藉助專業老師的帶領和同修的鼓勵，
一步一步地來經營屬於你自己的幸福花園。

喜悅幸福園丁的故事分享

從現在起，你要開始寫下你自己的生命故事，以客觀的角度去檢視關係中所發生的前因後果，忠實地記錄事件的內容、向內在探索的過程、做了那些改變、得到什麼樣的結果，以及你的心得。

害怕自己寫不出來？不用擔心，這裡提供了一個寫作的範例，看完之後，相信你一定能夠有所感發，並且可以開始寫下自己的故事。

事件

我有一對兒女，女兒長得亭亭玉立，兒子也是帥氣十足，一家四口雖然各自忙碌，但也過得和樂融融。幾年前，婆婆因為跌倒，身體不適需要人照顧，於是我先生接婆婆、大姑及姪女一起過來同住。從此我就不再有私人的家庭生活，每天為了一大家子的事情，讓我忙到精疲力竭，心裡非常不平衡。長久下來，我變得死氣沉沉，生活愈來愈不快樂。

內省

在我的成長過程中，父親的傳統思想把我教育成一個戰戰兢兢的人。「委曲求全」成了我的做人態度，不管出了什麼事情，都是先責怪自己、要求自己。

我看到了自己為了討好別人而刻意去壓抑內在的感受，不但扭曲了自己，也同時醜化了別人。當我進一步往內在探索時，我發現原來這一切都是因為我覺得先生不再像以前那樣關心我。

結果

我提起勇氣跟先生表明：「我極需要你對我的關心與愛，兒子和女兒更是需要。可以暫時放下婆婆、大姑及姪女，安排我們小家庭的單獨相處時光嗎？」先生了解了我的需求，悄然地安排兩人出遊，也開始安排小家庭的活動。那種往日的幸福感又重新回來了，讓我更有力量去面對一大家子的大小事情。

真是不容易啊！沒想到從「知道」到「做到」，需要這麼大的勇氣！感謝老師幫助我培養選擇喜悅幸福的能力，讓我成為幸福花園的園丁。

Accepting All Parts of Yourself & Creating a Joyful Life

色彩能量畫

一直以來，舞蹈與繪畫都是我的興趣和工作，更是我自己走心靈道途的最大助力。

在這個章節，我想要分享自己平日的修習方法，希望大家都可以藉由這樣的方式來釋放負面情緒，提昇正向能量，邁向喜悅幸福的桃花源。

在繪畫的部分，高彩度的明亮顏色本身就有平衡身心、提昇能量的功能。這些能量畫的運用可以做為大家自行繪畫的參考。想要進行靜心練習，但不想作畫的人，也可以對著畫作靜心，自然能產生能量交流的美好感受。

我的靜心流程如下：

隨著音樂舞蹈↓躺下閉目靜心↓作畫。

先憑直覺選出當天想要的音樂，在旋律的帶引之下，讓身體的能量隨之律動，自舞自轉，不需要特別的招式或舞蹈動作。

身體很聰明，只要我們願意放掉頭腦的制約，不要顧忌跳得好不好看，那麼手腳就能自在地隨心而動。所以，不需要任何的舞蹈基礎也能夠以這樣的方式來放鬆身心。

隨著樂曲，跳了約兩、三首曲子之後，我會以大休息的姿勢躺下閉目靜心。約莫十分鐘後，靈感源源而來，就能自然地開始作畫。

在修習過程當中繪製畫作，我將之視為是調節能量的方法。每一組我所提供的音樂與畫作都有不同的功能，都能幫助我們身心平衡。

建議初期在練習時，以書中建議的順序為主，等到熟悉了身體能量的流動，那麼就可以隨自己當日的直覺去選擇任何喜歡的音樂，以配合舞蹈與作畫。

拿回勇氣，喜悅做自己

這個部分的練習，是為了讓身心根植於大地，穩住我們的力量，這樣才能感覺穩定和安全，擺脫惶惶不安的恐懼，勇敢地面對生活上的各種挑戰。

我選擇的樂曲比較著重於下半身能量的啟動，雙腳穩定地踩踏在地上，讓身體感受與大地的連結。

建議的舞蹈音樂

1.鼓聲振奮音樂
2.最炫民族風（鳳凰傳奇）

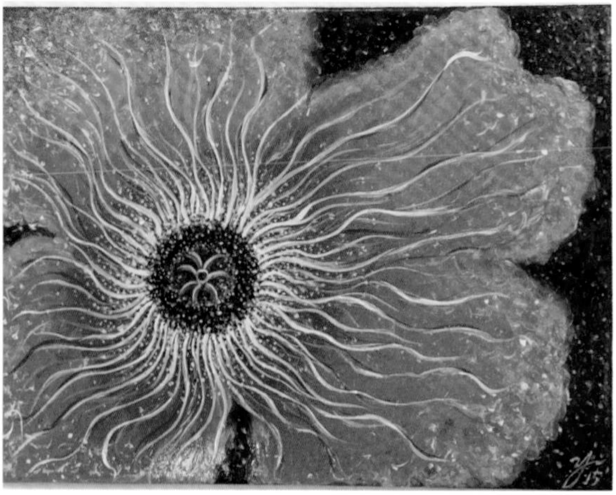

接納不完美的自己

每個人都有自認為不完美的狀態，透過這個練習，達到能量的調整，會幫助我們更能接納自己的陰影，不再過度封閉或情緒化，不再死氣沉沉地過日子，而是充滿熱情活力地享受生命的歡娛。

樂曲的建議著重在腹部能量的啟動。

建議的舞蹈音樂

1.我從草原來（鳳凰傳奇）
2.千古英雄浪淘沙（韓磊）

釋放未完整的情緒負荷

過去未曾被完整經歷的情緒，會在生活當中一再出現的類似情境中，引起情緒波動，或投射感情於不當的對象。

這個練習主要是為了能夠去完整經歷情緒負荷，幫助我們揮別傷痛，重新整合自己，找回自信心，自尊自愛，專注地活在當下。

音樂的選擇以明快的節奏為主。

建議的舞蹈音樂

1.奢香夫人

2.荷塘月色

疼惜自己，與愛同在

這個練習是透過與身體同在，表達珍愛自己的意圖。盡量與身體纏綿，感覺自己的美好。

如果我們能夠好好愛自己，那麼不僅僅是圓滿了自己，同時也會自然而然地更具有同情心、同理心，進而提昇友善和諧的人際關係，並且能夠敞開心胸真正無私地去愛別人。

樂曲的選擇以柔和浪漫的旋律來進行。

建議的舞蹈音樂

1.珍惜（孫露）
2.女人花（梅豔芳）

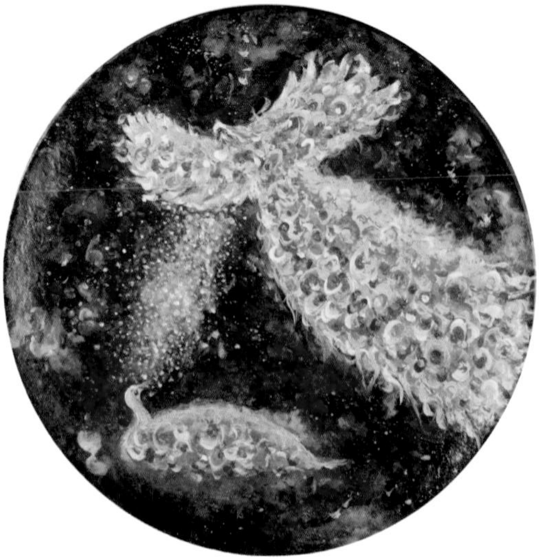

表達情感，增強溝通能力

這個練習是為了增進我們的表達能力，還有發揮我們與生俱來的創造力。

許多人生活上的問題並不難解，常常都是因為無法適切地表達自己的情緒與感受。請學會適當地溝通，如此方能建立良好的人際關係；請盡情地發展創造力，這樣的能力是增加生活樂趣的泉源。

我推薦旋律清揚的樂曲。

建議的舞蹈音樂

1.寂靜的天空（代青塔娜）
2.自由（黃思婷）

連結高我的能量

一般人在生活中所作的選擇，大都來自頭腦裡受社會價值觀制約的信念。透過這個練習，我們慢慢能夠連結高我或神的能量，開啟內在的智慧，培養更精準的直覺力，這樣的能力可以在生活中幫助我們作出明確的抉擇，活出更高品質的生命。

身心放鬆才能與宇宙能量連結，所以我選擇柔和輕鬆的音樂來進行此練習。

建議的舞蹈音樂

1.千年之戀（央吉瑪）
2.大樂蓮花（孔太）

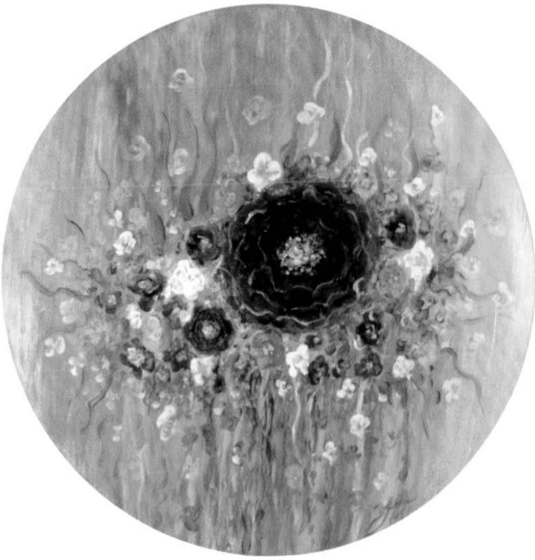

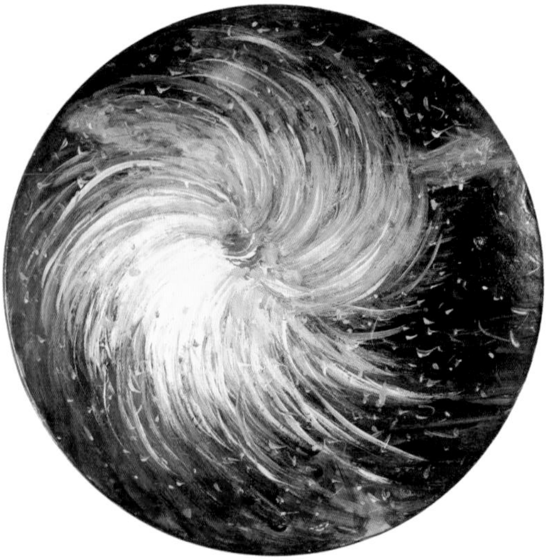

創造豐盛喜悅的人生

每個人都希望自己有心想事成的能力，能夠擁有豐盛喜悅的人生。但是，或許我們並不明白靈性上真正想要學習的功課。

如果經歷過前面幾段的反覆練習，讓身心合一、能量平衡，那就是完整自己的過程。此時再來進行這個練習，就更能增進智慧，感受我們與宇宙連結合一，增加心想事成的速度。

每當我聽到一些聖樂或佛曲就會不由自主地感動而淚流不已，同時能夠感受到宇宙大愛，宛如被滿滿的愛包圍著，彷佛自己也融入了其中……

建議的舞蹈音樂

1.般若波羅蜜多心經（齊豫）
2.奇異恩典 amazing grace

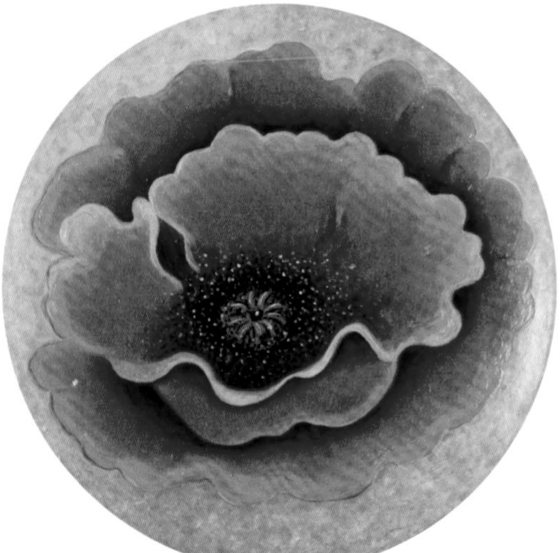

Note

Note

完全沒有繪畫基礎，

也可以 學習瓷器彩繪！

因為旅行，愛上瓷繪

作者：洪華萱
定價：380 元

旅行中的自然風情、人文景致成了創作瓷繪的靈感泉源。
在瓷繪繽紛的世界裡，一次次重新享受了繁花似錦的燦爛美景
——這是最繽紛、最優質的療癒享受！

感性試讀

以畫筆，記憶沿途的一花一草，記憶那美好的瞬間……

How to Make —— 波斯菊

工具：8號橢圓筆
顏料：紅色、藍色、黃色、綠色、白色

用8號橢圓筆沾粉紅色，局部打底。

同樣筆法，在空白處加一些黃色。

在空白處加上適量淺紫色。

在空白處加上適量綠色。

在剩下的空白處加上藍色。

在盤面下方加深紫色做出花叢暗面。

加上白色，融合整個畫面所有的顏色。

用8號橢圓筆，畫出白色波斯菊。

彩繪瑰麗＆
愛的幸福人生！
——在瓷畫世界裡，創造人間天堂

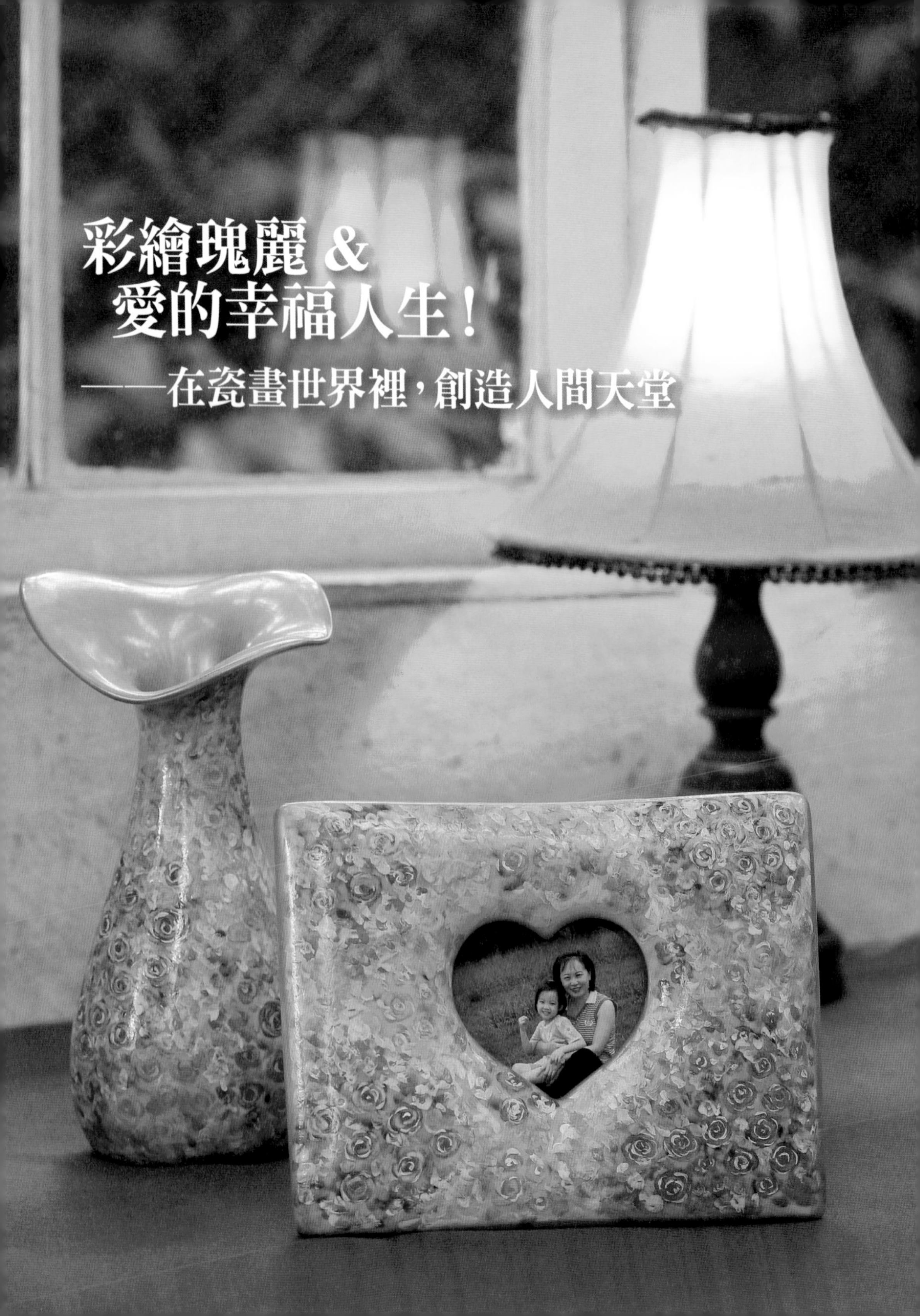

我的瓷繪人生

作者：洪華萱
定價：380 元

每一個協調的人生，就像一幅色彩平衡的繪畫；
畫作裡色彩繽紛，展露了我們內在的熱情與愛。

感性試讀

The Beauty of China Painting ——以瓷繪提昇生活美學

瓷器在生活當中使用廣泛，從杯盤、茶壺、花器到懸掛於牆面的藝術裝飾，都可以用手繪的作品來提昇生活美學的素養。

以前我愛買瓷器，現在則是鼓勵大家用自己繪製的杯盤來喝茶喝咖啡，或者盛裝水果點心。看著家裡處處都有自己畫出來的瓷繪作品，那種心靈的成就與滿足感真的很美妙。

挫折原來都是禮物

——感謝不完美的自己

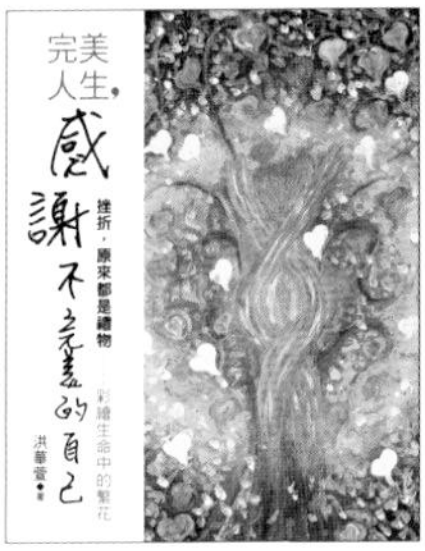

完美人生，「感謝」不完美的自己

作者：洪華萱
定價：280 元

追求完美的本身就是不完美的，看清看個挫折背後所要述說的意義，
那麼生命的轉化即在瞬間綻放，它是通往成功之路的指引者，
就看你如何在每個時節欣賞繁花盛開時。

感性
試讀

接受生活的不完美，生命才會完美

我曾經為了要追求完美，耗盡所有力氣，
我以為這樣才會有人愛，但是我累極了，
放下一切假象，我才能露出本真的自我，
我接受自己偶爾對環境的對抗，
偶爾對生命的沮喪，
因為那些都是我啊！

國家圖書館出版品預行編目資料

人生可以不必帶傷而行：喜悅原本存在，只需看見 / 洪華萱著. -- 初版. -- 新北市：養沛文化館出版：雅書堂文化發行, 2017.02
面； 公分. -- (I CARE快樂心田；18)
ISBN 978-986-5665-41-8(平裝)
1.修身 2.生活指導

192.1 106000621

I CARE 快樂心田 18

人生可以不必帶傷而行
——喜悅原本存在，只需看見

作　　者／洪華萱
發 行 人／詹慶和
總 編 輯／蔡麗玲
執行編輯／李宛真
編　　輯／蔡毓玲・劉蕙寧・黃璟安・陳姿伶・李佳穎
執行設計／周盈汝
美術編輯／陳麗娜・韓欣恬
攝　　影／陳冠銓・數位美學賴光煜
出版者／養沛文化館
發行者／雅書堂文化事業有限公司
郵政劃撥帳號／18225950
戶名／雅書堂文化事業有限公司
地址／新北市板橋區板新路206號3樓
電子信箱／elegant.books@msa.hinet.net
電話／（02）8952-4078
傳真／（02）8952-4084

2017年2月初版　定價380元

總經銷／朝日文化事業有限公司
進退貨地址／235新北市中和區橋安街15巷1號7樓
電話／02-2249-7714
傳真／02-2249-8715

Accepting
All Parts
of Yourself
& Creating
a Joyful Life

Accepting
All Parts
of Yourself
& Creating
a Joyful Life